Rainer Maria Rilke in Soglio

Hans-Joachim Barkenings

Nicht Ziel und nicht Zufall

RAINER MARIA RILKE
in Soglio

Calanda Verlag

Fotonachweis

Eidgenössische Denkmalpflege, Bern: 29, 34, 39, 48, 54, 64, 70, 71
Meerkämpfer E., Davos: 14
Palazzo Castelmur, Stampa: Titelbild
PTT-Museum, Bern: 20, 26, 68
PTT-Wertzeichen, Bern: 6
Schweizerische Landesbibliothek, Bern. – Schweizerisches Literaturarchiv, Bern: 79

4. Auflage

Wir danken für dessen freundliche Genehmigung.

ISBN 3 905 26003-4

Inhalt

Die schweizerischen PTT–Betriebe haben 1979 eine Rilke–Sondermarke herausgebracht.

«Soglio è la soglia del paradiso»

Soglio – wieviele Touristen im Jahr mögen es sein, die zu Fuss von Casaccia über den Bergeller Panorama–Weg oder mit Aurelio Wazzaus schmuckem Postbus nach Soglio kommen oder mit dem eigenen Auto aus diversen Heimatorten oder von umliegenden Ferienplätzen anreisen und sich für kurz oder lang in diesem Bergdorf wohlfühlen, von dem der Maler Giovanni Segantini[1] einst – den Namen «Soglio» frei ausdeutend – gesagt hat, es sei «die Schwelle zum Paradies». Leonhard Ragaz schwärmte: «Das ganze Bergell ist eine wunderbare Mischung von Norden und Süden. Es ist von dem tiefen Ernst der bündnerischen Landschaft erfüllt, aber blauer wölbt sich der Himmel des Südens über ihm und edler erscheinen, wie Türme an gotischen Domen, seine Gipfel. Und ähnlich sind seine Menschen.»[2]

Wir brauchen an dieser Stelle nicht alle die Lobpreisungen zu wiederholen, welche die Touristen reichlich in ihren Reiseführern und in den speziellen Bergell–Büchern[3] über Soglio finden können und die sie bewogen haben mögen, jene «Schwelle des Paradieses» aufzusuchen. Das aber ist gewiss: Viele von ihnen, waren sie einmal da, fühlen sich immer wieder dorthin gezogen – von der herrlichen Bergwelt, von der schönen Umgebung des Kastanienwaldes unterhalb des Dorfes gegen Spino und Castasegna hin, von den winklig–engen Dorfgassen, von der freundlichen Gastlichkeit, die man in Soglio erfahren kann.

Wer zum ersten Male nach Soglio kommt, überrascht auf der kleinen Piazza vor der Casa Battista steht und staunend die alte Fassade dieses Salis–Palastes in Augenschein nimmt, dann zögernd erste Schritte in das Innere dieses wie ein Museum wirkenden Hotels wagt und nach und nach die verbleichende Pracht der Ausstattung mit ihren merkwürdigen Dessins und Details zur Kenntnis nimmt, um dann, wiederum überrascht, über die hintere Doppeltreppe in den Rosengarten abzusteigen, mag sich alsdann aus seinem Bergell–Buch die Baugeschichte der eindrucksvollen Salis–Gebäude vergegenwärtigen.[4] Dass bedeutende Persönlichkeiten die Gastlichkeiten der früheren «Pension Willy» im Hotel–Schloss (heute von der Familie Cicognani bewirtschaftet) in Anspruch genommen haben, wird gern vermerkt. «Auch Rainer Maria Rilke war eine Zeitlang als Gast hier und schwärmte in seinen Briefen von diesem idyllischen Ort.» So lesen wir da.[5]

Einer der bedeutendsten Dichter deutscher Sprache hat für eine kurze Saison – vom 29. Juli bis zum 21. September 1919 – in Soglio Unterkunft gefunden. Den revolutionären und konterrevolutionären Wirren des Nachkriegsdeutschland entgehend[6], mit ungeklärter Staatsangehörigkeit, war Rilke auf der Suche nach einem einsamen und angemessenen Ort, der ihm ermöglichen sollte, die durch den Weltkrieg unterbrochene Arbeit an seinem dichterischen Hauptwerk wieder aufzunehmen, das er im Januar 1912 in Duino begonnen hatte[7] und das seitdem in ihm gärte und nach schöpferischer Verwirklichung verlangte: die «Duineser Elegien».

Zwar wurde Soglio nicht der «Elegien–Ort». Gleichwohl war die Zeit, die Rilke in Soglio verbracht hat, eine wichtige Zwischenstation in dem sehr komplizierten Vorbereitungsprozess, der auf jenen Schaffenssturm hinzielte, dem wir schliesslich die «Duineser Elegien» verdanken. Rilke hat darüber geschrieben: «Diese Gedichte waren (1912) in nicht minder gross gegebener Einsamkeit, an der Adria, in dem alten (im Krieg zerstörten) Schloss Duino (nahe Triest) begonnen, in Spanien, und in Paris später fanden sich Zeilenstücke ein, und alles wäre wohl 1914 in Paris zur Leistung zusammengewachsen, wenn nicht die grosse Unterbrechung der Welt eingefallen wäre, die mich hatte erstarren und anstehen lassen. Was ich aus diesem langen Wesenswinter möchte gerettet haben, ich selber wusste es nicht, als ich endlich (1919) in die Schweiz mich flüchten konnte, als auf einen Boden, wo ein Natürliches und Argloses noch maassgebend war . . ; erfuhr es erst 1921, auf Muzot, im ersten dort einheimischen einsamen

Jahr, als die durch die Umstände verhaltene Natur meines Gemüths in wenigen Wochen das unerhörte Wachsthum erst des Orpheus (jeder Theil in drei Tagen!), dann der Elegien in seine vollendete Jahreszeit trieb, gewaltsam, mich fast zerstörend durch die Leidenschaft des Ausbruchs, und doch mit soviel Zartheit und Fügung sich gebahrend, dass keine (denk!) nicht eine vorentstandene Zeile nicht in den Platz einbezogen worden wäre, in dem sie natürliche Stufe war und Stimme unter Stimmen. Wie das anheilte, das Vorige mit schon etwas alternder Bruchstelle dem Glühenden so innig angelegt, so wieder aufglühend aus Nachbarschaft und unendlicher Verwandtheit, so dass nirgends eine Naht sichtbar blieb! Jubel und Sieg, Marina, ohne Gleichen! Und dazu war dieses Übermass von Einsamkeit nöthig in seiner Tötlichkeit.»[8]

Der Gedanke, nach Soglio zurückzukehren, war dem Dichter sehr wohl gekommen, als sich anderswo in der Schweiz kein adäquater Ort zunächst finden liess. Der Gedanke wurde verworfen, obwohl Rilke bemerken musste, Soglio sei der einzige Ort in der Schweiz gewesen, «wo ich meiner Arbeit Nähe empfand».[9] Soglio war nicht wiederholbar[10], gab aber Rilke bei der angestrengten Suche nach dem «Elegienort» die gültige Perspektive für diesen: Soglio wurde ihm zum Massstab für die Beschaffenheit jenes Ortes, an dem die Geburt jenes Werkes zu erwarten war, mit dem Rilke als Dichter vor sich selbst und vor der Nachwelt zu bestehen gedachte.

Es war das Zimmer Nummer 15 im Palazzo Salis, das Rilke deutlich erlebbar machte, was er zur Vollendung der Elegien «brauchte»[11], jenes Zimmer, dessen grüngestrichene Fensterläden nahezu immer verschlossen sind und zu dem Touristen und Hotelgästen – wohl zu Recht – der Zugang verwehrt bleibt: die alte Salis'sche Bibliothek. Welch ein Glück, dass sie sich Rilke öffnete und ihm Zuflucht gewährte![12]

Was das quantitative Schaffen angeht, waren Rilkes Tage in Soglio nicht eigentlich ertragreich: ein einziges Widmungsgedicht[13] und dann jener seltsame Prosatext, den man bei seiner Veröffentlichung mit der Überschrift «Ur–Geräusch» versah[14], ein «Experiment–Vorschlag», wie Rilke ihn bezeichnete[15], einiges «Politische» vielleicht[16]. Welchem der Gäste, die es sich im Gartenrestaurant hinter dem Palazzo Salis gut sein lassen, wäre es je eingefallen, sich in einen so abseitig erscheinenden Text wie «Ur–Geräusch» am Ort seiner Entstehung zu vertiefen. Da hat es bis heute Friedrich Nietzsche im gar nicht so weit entfernten Sils–Maria doch erheblich besser . . .[17]

Die Fruchtbarkeit der Tage in Soglio für Rilke lag in der Entdeckung der Schweizer Dichtung: Spitteler, Haller, Salis. Im übrigen ergoss sie sich in die Fülle der Korrespondenz. Die «Briefe an eine junge Frau», deren zwei in Soglio entstanden, sind bekannt[18]. Rilkes Briefpartner empfingen zum Teil begeisterte Schilderungen der Herrlichkeit des Ortes: Palazzo, Bibliothek, Garten. Soglio war binnen kurzem für Rilke zum Inbegriff einer Geborgenheit geworden, die, gepaart mit Ruhe, das Schöpferische wieder in Gang zu setzen vermochte. «Mon Soglio» war nicht mehr auszulöschen, auch als es Jahre zurücklag[19], und es gab Tage, an denen Rilke schreiben konnte: «Es wirbelt mir ein bischen traumdicht ins Gemüth herein.»[20]

Im Folgenden unternehme ich den Versuch, Rilkes Soglio–Erleben aufgrund der vielfältigen persönlichen Zeugnisse Rilkes nachzuzeichnen. Ich will damit keinen eigenständigen Beitrag zur Rilke–Forschung leisten. Wie käme ich dazu! Auch will ich der interessanten Darstellung von Ingeborg Schnack «Rilke in Ragaz»[21] kein ebenbürtiges Seitenstück beigesellen. Jeder Kenner der Rilke–Literatur bemerkt sofort, was und wieviel ich denen verdanke, die Rilkes «Schweizer Jahre» zum Gegenstand ihrer Forschungen gemacht haben[22]. Als Rilke–Leser und als Soglio–«Fan» nehme ich mir heraus, andere darauf hinzuweisen, wie wichtig einem grossen deutschen Dichter in einer für ihn persönlich nicht unproblematischen Situation der Aufenthalt gerade an diesem Ort geworden ist, in den sie nun auch als Gäste eingekehrt sind oder noch einzukehren gedenken.

Natürlich ist Rilkes Soglio–Erleben nicht reproduzierbar. Rilke hat sich darüber keine Illusionen gemacht: «Mon 'Soglio' est déjà vieux de presque 7 ans! Bien de choses auraient pu changer!» schrieb er ein halbes Jahr vor seinem Tod an Nanny Wunderly–Volkart[23]. Aber vielleicht verhilft mein Beitrag diesem oder jenem Zeitgenossen, bewusster in Soglio zu weilen und durch eigenes Erleben und auf eine eigene Weise «Soglianer» zu werden. Vielleicht wird dieser Leser oder jene Leserin zur Vorbereitung des Besuchs in Soglio zu einem der in den Anmerkungen genannten Briefbände Rilkes greifen und sich einiges aus der Feder des Dichters in das Urlaubsgepäck legen (und die «Donna Ottavia»[24] den Sentimentalen und den «Zentgraf im Gebirg»[25] den Zynikern überlassen).

Für mich ergibt sich die Gelegenheit, auf diese Weise der Talschaft Bergell und dem Ort Soglio meinen Dank abzustatten für unvergessliche schöne Stunden in der dortigen Bergwelt und im Kreis der Freunde, die ich dort fand. Schliesslich war es die Erinnerung an Rilke, die mich einst nach Soglio ver–führt hat. Heute will es mir scheinen, als habe sich dadurch auch für mich jener Rat bewahrheitet, der Rilke einst nach Soglio bewog: «Das ist der Ort, wo Sie hinmüssten . . .».

1 Segantini (1858–1899) bezog das Bergpanorama von Soglio mehrfach in seine Bildgestaltung ein. Vgl. Die Alpen in der Schweizer Malerei. Katalog zur Ausstellung vom 5.6. bis 21.8.1977 im Bündner Kunstmuseum Chur, S. 174 ff. – Rilke hat 1902 aus Anlass einer Segantini–Sonderausstellung im Rahmen der Internationalen Kunstausstellung bei Neueröffnung der Bremer Kunsthalle das Segantini–Buch von Franz Servaes (Wien 1902) besprochen (R. M. Rilke, Werkausgabe (WA), 10, S. 549–552 vgl. 12, S. 1406–1411)

2 Leonhard Ragaz, Mein Weg, Bd. I, Zürich 1952, S. 204

3 Renato Stampa; Das Bergell (Schweizer Heimatbücher 80), Bern 1976 Das Bergell sehen – kennen – erleben. Eine Auslese von Kurz–Beiträgen zur Erfassung seiner Identität, 2. Aufl., Calanda–Verlag Chur 1981

4 Etwa bei Silvana Bongulielmi–Torriani, in: Das Bergell sehen – kennen – erleben, S. 95–97. Vgl. Friedrich Pieth, Bündnergeschichte, 2. Aufl., Chur 1982, S. 301: «Italienischen Einfluss verraten die Salispaläste in Soglio und Bondo. Auch sie drücken nicht bloss den Wunsch aus, behaglich zu wohnen, sondern den Willen zu repräsentieren. Diesem Willen entsprach es, sich aus dem Dorf an den Rand desselben zurückzuziehen und dort eine Reihe stolzer Häuser zu errichten. Bei Bondo erhob sich im Jahre 1766 das schönste aller Salisschen Schlösser, das mit der Hauptfassade über einen geometrisch angelegten Garten hinweg das Tal hinabschaut.»Zur Geschichte: Renato Stampa, Storia della Bregaglia, 2. Aufl. Poschiavo 1974

[5] S. Bongulielmi-Torriani, aaO. S. 97

[6] Vgl. dazu Rilke an Gräfin Aline von Dietrichstein aus Soglio am 6.8.1919 (R. M. Rilke, Briefe, Neuausgabe 1980, S. 587 ff.)

[7] Erich Heller: Vom Stand und von der Sorge des Menschen. Improvisationen zur ersten der «Duineser Elegien», in: Neue Zürcher Zeitung, Nr. 199, 27./28.8.1993, S. 67

[8] An Marina Zwetajewa am 16.5.1926, in: R. M. Rilke, Marina Zwetajewa, Boris Pasternak, Briefwechsel, Frankfurt/M. 1983, S. 123

[9] Rainer Maria Rilke, Briefe an Nanny Wunderly-Volkart (zit.: NWV I/II), Frankfurt/M. 1977, I, S. 265

[10] Vgl. aber NWV I, S. 277, und II, S. 1143 f. – Wenn Rilke in einem Gesuch an das Kontroll-Bureau der Fremdenpolizei in Liesthal/Basel-Land, am 17. Mai 1920 für den Sommer des Jahres 1920 einen «Kuraufenthalt, wahrscheinlich in Pontresina oder Soglio» in Aussicht genommen zu haben behauptet, so dürfte das mehr der Taktik gegenüber der Behörde zuzuschreiben sein als der wirklichen Absicht (Rainer Maria Rilke 1875–1975. Eine Ausstellung des Deutschen Literaturarchivs im Schiller-Nationalmuseum Marbach a. N., München 1975, Katalog Nr. 26, S. 258 – hinfort: Katalog).

[11] NWV I, S. 65 f.

[12] NWV II, S. 1144

[13] Eingeschrieben in die «Sonette aus dem Portugiesischen» von Elisabeth Barret-Browning am 21. September 1919 mit der Widmung: «An Frau G. Nölke / im Geiste der Lese-Stunden und Gespräche erinnernd zugeeignet» – «Soglio, in der alten Bibliothek»:

«Und Dürer zeichnete das 'Grosse Glück'
ganz übergross, doch irdisch Stück für Stück,
des Frauen-Leibes fühlendes Gebäude.
Wers überholt und blickt danach zurück,
verliert ein Ewiges: die grosse Freude.»

(WA 3, S. 237). – Abbildung des Kupferstichs von 1503 in: A. Dürer, Schriftlicher Nachlass. Eine Auswahl, hg. von Hubert Faensen, (Ost)Berlin 1962 (Nr. 90)

[14] Datiert auf Mariae Himmelfahrt 1919 (WA 11, S. 1085–1093 vgl. WA 12, S. 1493–1496). Dazu: D. Bassermann, Der späte Rilke, 2. Aufl. Essen und Freiburg i. Br. 1948, S. 204 S. 373 f. I. Schnack, Rilke in Ragaz 1920–1926, 2. Aufl. Ragaz 1981, S. 16 f. Vgl. Hermann Burger, Brenner, 1. Band, Frankfurt/M. 1989, S. 127 ff.

[15] NWV I, S. 143

[16] Entwurf einer politischen Rede (WA 11, S. 1093–1095 vgl. WA 12, S. 1496)

[17] L. Harig, «So fern vom Leben, so metaphysisch». Auf den Spuren von Friedrich Nietzsche in Sils-Maria, in: Merian. St. Moritz und das Engdin, 2/24, S. 47–50; Peter André Bloch, Das Nietzsche-Haus in Sils-Maria, Calanda-Verlag Chur 1983

[18] Inselbücherei Nr. 409, Wiesbaden 1949 (an Lisa Heise). Die Briefe aus Soglio sind datiert vom 2.8. und 30.8.1919; Lisa Heise. Meine Briefe an Rainer Maria Rilke, Berlin 1934

[19] NWV II, S. 1144

[20] NWV I, S. 277

[21] I. Schnack, Rilke in Ragaz 1920–1926 (Privatdruck der Thermalbäder und Grandhotels) Bad Ragaz 1970 2. Aufl. 1981

[22] J. R. von Salis, Rilkes Schweizer Jahre. Ein Beitrag zur Biographie von Rilkes Spätzeit (Suhrkamp TB 289) 1975; M. Zermatten, Der Ruf der Stille. Rilkes Walliser Jahre, Zürich 1954; ders., Rilkes letzte Lebensjahre, Fribourg o. J. – Unentbehrlich: I. Schnack, Rilke. Chronik seines Lebens, 2 Bände; W. Leppmann, Rilke. Sein Leben, seine Welt, sein Werk, Bern und München 1981 (jetzt auch: Heyne-Biographien 12/121); Donald A. Prater, Ein klingendes Glas. Das Leben Rainer Maria Rilkes, München/Wien 1986

[23] NWV II, S. 1144

[24] Joh. Andr. v. Sprecher, Donna Ottavia, Historischer Roman aus dem ersten Drittel des siebzehnten Jahrhunderts, Chur 1969 (Erstausgabe 1878)

[25] Hermann Burger, Zentgraf im Gebirg oder das Erdbeben zu Soglio, in: ders., Diabelli. Erzählungen (Collection S. Fischer) Frankfurt/M. 1979, S. 87–105; vgl. Hermann Burger, Brenner, 1. Band, S. 100 f.

«Über Sils nach Soglio»

Die Anregung, einen Sommeraufenthalt in Soglio GR zu verbringen, scheint Rilke von Albrecht Graf von Bernstorff[1] empfangen zu haben. In einem Brief an Nanny Wunderly–Volkart erwähnt Rilke dessen Empfehlung: «Das ist der Ort, wo Sie hinmüssten . . .»[2] Sidonie Nádherný gegenüber bemerkt Rilke in einem Brief aus Soglio vom 5.August 1919: «Ein Zusammentreffen eigenthümlicher Winke, von der Art derjenigen, denen ich immer nachzugeben gewohnt war, wies mich hierher, ins Bergell . . .».[3]

In Sils–Baselgia lebte seit den letzten Kriegsjahren Inga Junghanns, geb. Meyer[4], mit ihrem Ehemann, dem Maler, Graphiker und Bildhauer Rudolf Reinhard Junghanns, der aus Sachsen stammte[5], während sie aus Dänemark kam. Inga Junghanns hatte es sich zur Aufgabe gesetzt, Rilkes «Malte»[6] in die dänische Sprache zu übersetzen, ein Unternehmen, das mit der Veröffentlichung des «dänischen Malte»[7] im Jahr 1927 sein Ziel erreicht hat. Wegen dieses Übersetzungsvorhabens musste Inga Junghanns, die Rilke 1915 in München kennengelernt hatte, daran interessiert sein, nicht nur brieflichen Kontakt mit dem Autor des «Malte» zu pflegen, sondern auch den persönlichen. In ihren Briefen während der Kriegszeit hat sie mit eindrucksvollen Schilderungen der Engadiner Landschaft Rilke auf das Erlebnis dieser Gegend vorbereitet, wenn auch eine gewisse Befangenheit Rilkes der Bergwelt gegenüber nie ganz geschwunden ist[8].

In ihrem Brief vom 12. September 1916 beschäftigt sich Inga Junghanns damit, Rilke ein phantasievolles Treffen in St. Moritz vor der Konditorei Hanselmann auszumalen, «und wir hätten Sie dann mit nach Baselgia geschleppt, Sie hätten unsere ganz, ganz kleine Dachwohnung sehen sollen, mit uns in unserer Küche essen (oh, ich denke, das wäre gerade nett gewesen, wenn man aus St.Moritz kommt, dann zur Abwechslung in einer Küche mit schrägen Wänden zu sitzen und dänisches Smörrebröd essen), und nachher wären wir auf die Chasté spazieren gegangen oder ins Atelier zu meinem Mann, wo

Die Bergeller Bauart, wie sie in Soglio anzutreffen ist, hat sich nahezu unverändert erhalten.

viele neue Arbeiten entstanden sind.»[9] Damit war ein Besuchsprogramm umrissen, das sich Ende Juli 1919 verwirklichen liess. Inga Junghanns war Rilke in Liebe zugetan und liess sich darin auch durch Rilkes Zurückhaltung nicht beirren. Sie versprach sich von der Begegnung mit Rilke im Engadin wohl auch Hilfe in den inzwischen aufgetretenen persönlichen Schwierigkeiten und ehelichen Konflikten. Sowohl Inga Junghanns als auch ihr Mann nahmen Rilke auch später als «seelsorgerlichen» Berater in Anspruch, wie der Briefwechsel Rilkes mit beiden ausweist.[9a]

In einem Brief an Inga Junghanns vom 13. Februar 1919 hat Rilke seine damalige Disposition beschrieben: «Jetzt wo die Zuwendung von Mensch zu Mensch geradezu als Losung ausgegeben schien (aber wie weit ist davon, dass sie sich erfülle), werde ich mich vielleicht erst recht zurückziehen müssen, um über die entsetzliche Unterbrechung dieser Jahre hinüber die Verbindung mit meinem eigenen wachen Leben wieder herzustellen ... meine Kraft hat in all der Zeit nur das Eine zu leisten gehofft: unbeirrt Glauben und Gedächtnis für das zu behalten, was mir Wunderbares in der grossen offenen Welt je zugekommen war, und zu allem die Fähigkeit, arglos von Menschen und Dingen wieder das Wunderbare zu erwarten und aufzufassen. Nun wird sichs erst zeigen müssen, ob ich lebe, ob ich überstanden habe.»[10] Die Suche «nach einer Zuflucht»[11] war zugleich die Suche nach der Selbstidentität des Dichters: «die erzwungene Immobilität dieser Jahre, die ich – wie es nun einmal kam – nicht anders meinte überstehen zu können, als indem ich den Athem anhielt, in einer Art Winterschlaf meines ganzen Daseins, diese Unbeweglichkeit hat mich vielleicht konserviert, aber dies geschieht eben nie ohne Schaden, dass man sich erhalte. Man soll sich immer gefährden, und so sehne ich mich denn mehr als je nach der Stelle, wo ich der ganzen Gefahr meiner Arbeit mich aussetzen kann –, nur nach diesem Mass darf ich die Wahl meines Aufenthalts treffen.»[12]

Als Rilke das schrieb, hatte «Soglio» freilich schon den Massstab gesetzt. Was der Dichter brauchte, war ein Raum, in dem er auch weinen durfte. «Ich habs nie für unrühmlich gehalten oder für schwach, ich hab noch so grosse Knabenthränen in mir und ein gewaltiges Weinen meiner Männlichkeit, das muss hinaus. Mir fällts ein, dass ich nie geweint habe in der Erstarrung und Qual dieser fünf Jahre –, ich merke immer mehr, warum ich so sehr nach einer Zuflucht auf der Suche bin – : ein Arbeitszimmer, – das heisst für mich ein Raum, wo ich auf und ablaufen kann, aber auch dies, aber auch schreien, aber auch weinen. Wo kann man's noch!»[13] Zur Verlebendigung seiner erstarrten dichterischen Potenz, zur Heilung der «Verstümmelung» des Herzens[14] brauchte Rilke das «ländliche Haus mit alten Dingen»[15]: «Alte Dinge müssens sein, denn die ersetzen mir allen Umgang, von dem ich mich fernhalten werde durch Jahre, die schwingen herüber und sind noch ganz erschüttert von dem Schicksal derer, von denen sie umlebt gewesen sind. Dies kommt (ich brauchs) aus ihnen, und es kommt nicht das Zufällige mit, das im Zeichen der Lebendigen war, die Kraft des Schicksals reinigt sich in den Dingen, die Demuth, mit der sie's aufnahmen, wandelt das Unverlässliche ins Elementare.»[16] Das aber würde er in der alten Salis–Bibliothek zu Soglio finden: «so muss es einmal bei mir aussehen, denn da war nichts, was erst unterrichtet werden musste und mit mir bekannt gemacht».[17] Und damit würde auch der Massstab für die Zukunft gesetzt sein.[18]

Seit dem 11. Juni 1919 weilte Rilke in der Schweiz, nachdem ihm durch «Protektion»[19] der Grenzübertritt ermöglicht worden war. Vorerst ging er «von Ort zu Ort, nach Genf, nach Bern: wo mir, durch schweizer Beziehungen, vierzehn wirklich schöne Tage vergönnt gewesen sind, die ich in allerdings noch recht unregelmässigem Inneren aufnahm.»[20] Das «wenig erfreuliche Zürich» konnte nur Zwischenstation sein, «Baur au Lac» konnte «nicht das eigentliche Zu–Ruhe–gekommen sein bedeuten.»[21] Gleichwohl zeichnete sich an jenem

20. Juli 1919, als Rilke Lou Andreas–Salomé über seine neue Lage informierte, schon die Richtung ab: es «sieht so aus, als sollte ich von hier ins Engadin».

Der Gedanke eines Aufenthaltes in einem Sanatorium erschien ihm unerträglich. «Mein erstes Ziel ist Sils (Baselgia), um den dänischen Malte Laurids dort mit der Übersetzerin durchzusehen, die mir schon von den Hochwiesen die wunderbarsten Blumen herübergeschickt hat; aber das soll dann nur für ein paar Tage sein. Ich denke im Bergell, auf den Terrassen, die sich von Maloja gegen Italien zu hinuntersenken, den Ort zu finden, der mich so anmuthet, als wärs nicht Ziel und nicht Zufall. – –»[22]

Am 11. Juli hatte Rilke nach Inga Junghanns gefahndet, um umgehend zu erfahren, dass sie sich mit ihrem Mann in Sils–Baselgia befinde und dass sein Besuch beiden nicht nur willkommen, sondern von ihnen sehnlichst erwünscht sei. «Das Engadin ist gerade jetzt am allerschönsten, es würde Ihnen gewiss ein Erlebnis sein und zugleich ein Ausruhen vom städtischen Umtrieb . . .»[23].

Trotz gerade überstandener Krankheit und trotz finanzieller Schwierigkeiten mochte Inga Junghanns nicht riskieren wollen, Rilke nicht zu sehen, «habe ich ja doch dieses Wiedersehen so sehnlich gewünscht». «Wir würden . . . Ihre Ruhe respektieren, falls Sie lieber viel allein wären; hätten Sie aber Zeit für uns, würden wir Ihnen viel Schönes zeigen und ganz für Sie da sein. R.R.J. hofft so rührend stark, dass Sie kommen könnten, es wäre ihm unendlich viel, Sie einmal da zu haben.»

Zwar war es dem Ehepaar Junghanns nicht möglich, wegen seiner schwierigen finanziellen Situation («dieser Kurs bringt einen langsam um») Rilke als Gast auch im Hotel freizuhalten: «Wir sind was die Bohèmes abgebrannt nennen.» Aber: «sehen müssen wir uns, das steht fest.» Schliesslich sei das Hotel Margna in Sils–Baselgia «kaum, nein sicher nicht so teuer wie Baur au Lac».[24]

Am 17. Juli kündigte ein Telegramm Rilkes an, dass er die Einladung nach Sils–Baselgia annehmen werde: «Reise wahrscheinlich über Sils nach Soglio.»[25] Es gab noch eine gewisse Verzögerung, vielleicht bedingt durch eine Verabredung mit Claire Studer und Iwan Goll in dessen Zürcher Atelier[26]. Dann reiste Rilke in das obere Engadin, ohne sich in St. Moritz aufzuhalten: «Ich hatte es eilig, und ausserdem regnete und kältete es in dem verlassen und öde aussehenden Ort so eindringlich, dass ich kein Verlangen hatte, mich aufzuhalten und, in einen Pelz Alexander Sacharoffs gewickelt, mittels einer kleinen Kalesche möglichst weit gegen Süden weiterdrängte. Das reichte freilich zunächst nur bis Sils, wo in Baselgia meine dänische Übersetzerin und ihr Mann mich aufnahmen.»[27]

[1] «Bernstorff war einer der mutigsten Gegner Hitlers und bemühte sich vor allem, Emigranten und Juden bei der Flucht und bei der Rettung ihres Besitzes zu helfen.» (P. Hoffmann, Widerstand – Staatsstreich – Attentat. Der Kampf der Opposition gegen Hitler, Ullstein–TB 3077, S. 51). Bernstorff wurde wenige Tage vor Kriegsende, am 24.4.1945, in Berlin von der SS ermordet. Vgl. Gräfin von Reventlow, Albrecht Bernstorff zum Gedächtnis, Privatdruck, Altenhof 1952. War in Soglio 8. bis 14. Juni 1919

[2] NWV I, S. 302

[3] R. M. Rilke, Briefe an Sidonie Nádherný von Borutin, Frankfurt/M. 1973, S. 292 f. (zitiert: SN). – Auch Lotti von Wedel, die Rilke 1917 in Berlin kennengelernt und die er in Sils–Baselgia wiedergetroffen hatte, nimmt in ihren Erinnerungen an Rilke für sich in Anspruch, Rilke auf Soglio hingewiesen zu haben, «als er sagte, dass er in dem ihn bedrückenden Engadin nicht bleiben könne». Sie habe damit gerechnet, dass das «romantische Gasthaus» in Soglio dem Dichter gefallen werde. «In dem hübschesten der Gastzimmer, das auch Rilke dann bekam, stand ein Prunkbett mit hölzernen geschnitzten Säulen und Betthimmel, und von der Decke sahen die Gipsreliefs vergangener Grosser, wie Alexander, Numa Pompilius, Homer und Friedrich der Grosse in drolliger Zusammenstellung eines einstigen Heldenverehrers auf den Schläfer herab. Auch an den verwunschenen Garten dachte ich, als ich Rilke den Ort empfahl.» (Katalog, S. 247 f.)

[4] R. M. Rilke / Inga Junghanns, Briefwechsel, Wiesbaden 1959 (zitiert: R/J) die persönlichen Erinnerungen von Inga Junghanns an Rilke in: Stimmen der Freunde, hg. von G. Buchheit, Freiburg, i.Br. 1931, S. 102–110

[5] R. M. Rilke, Briefe an R. R. Junghanns und Rudolf Zimmermann, Veröffentlichung der Vereinigung Oltener Bücherfreunde 26, Olten 1945

[6] R. M. Rilke, Die Aufzeichnungen des Malte Laurids Brigge, Bibliothek Suhrkamp 343, Frankfurt/M. 1973; Materialien zu Rainer Maria Rilkes «Die Aufzeichnungen des Malte Laurids Brigge», hg. von H.Engelhardt (suhrkamp TB 174), 1974

[7] NW II, S. 1142

[8] Am 2. März 1922 spricht Rilke gegenüber Xaver von Moos «von jenen (z.B. oft pittoresken, aber das Gefühl beengenden) Tälern in Graubünden» (R. M. Rilke, Briefe aus Muzot 1921–1926, Leipzig 1935, S. 109). Vgl. auch Rilkes Vergleich der böhmischen Waldberge mit den Schweizer Gebirgen in dem Brief an Katharina Kippenberg vom 5. August 1919 aus Soglio (I. Schnack, Chronik II, S. 651). Am 1. August erhält Lotti von Wedel das Geständnis: «Sie haben mir nicht zu viel versprochen da Sie mir dieses Bergnest

rühmten, – nur bin ich so wenig Montagnard meiner Natur nach, dass es mich ziemliche Anpassung kostet, das Hiesige zu nehmen, wie es eben ist. Diese halbe Höhe, in der Soglio sich hält, gibt mir einen ständigen Wunsch nach oben oder unten, gerade das Stück Himmel, das hinter dem Berg steckt, halt ich für dasjenige, das mich am vollkommensten befriedigen würde. Ahnungslos, wie ich es geografisch bin, hatte ich mir auch vorgestellt, auf ein offenes Italien hinunterzuschauen, es enttäuscht mich, dass auch da noch Berge im Wege sind, wenn auch über sie zuweilen (diesen Morgen zum Beispiel) eine wunderbar selige Strahlung herüberreicht.» (Katalog, S. 248)

[9] R/JS. 20 f

[9a] Vgl z.B. Rilkes Brief an R.R. Junghanns vom 26. Dezember 1921 (Katalog, S. 285)

[10] R/JS. 100 f

[11] NWV I, S. 65

[12] NWV I, S. 265

[13] NWV I, S. 65

[14] NWV I, S. 669

[15] R.M. Rilke, Briefe aus Muzot, S. 409 (Nachwort d. Herausgeber)

[16] NWV I, S. 65

[17] Ebenda

[18] Vgl. Rilkes Äusserung vom 10. Dezember 1919: «Ich hoffte ja auf eine Art 'Soglio' im südlichen Winter» (R.M. Rilke, Briefe an seinen Verleger 1906–1926, Leipzig 1941, S. 302). Vgl. R.M. Rilke / Lou Andreas-Salomé, Briefwechsel, Frankfurt/M. 1975, S. 416

[19] Zu den «Anfängen in der Schweiz» vgl. I. Schnack, Chronik II, S. 643 ff. Vgl. Briefe an eine Reisegefährtin. An Hand unveröffentlichter Briefe geschildert von Ulrich Keyn, Wien 1847, S. 13 ff.

[20] R.M. Rilke, Lou Andreas-Salomé, Briefwechsel, S. 424

[21] Ebenda

[22] Ebenda

[23] R/J S. 123

[24] Ebenda

[25] Ebenda S. 124 f

[26] I. Schnack, Chronik II, S. 649

[27] SN S. 293. Das Ehepaar Junghanns wohnte im heutigen «Haus Reinhart»

Die Postkutsche, das öffentliche Verkehrsmittel der guten alten Zeit, wer möchte da nicht Fahrgast sein.

«Unsere kleine Dreieinigkeit dort»

Vom 24. bis zum 29. Juli 1919 hielt sich Rilke in Sils–Baselgia auf. Wie Inga Junghanns ihm vorgeschlagen hatte, nahm er Quartier im Hotel Margna. Inga Junghanns blieb dieser Besuch Rilkes «als leuchtende Erinnerung an ein selten schönes Zusammensein» im Gedächtnis. Offenbar wurde während Rilkes Aufenthalt dort weniger über den «dänischen Malte» geredet. Darum ist Ingas Wunsch, mit Rilke noch einmal allein über den «Malte» zu reden, verständlich[1], ein Wunsch, der sich dann in Soglio erfüllen sollte. In Sils–Baselgia kam es zu guten Gesprächen zwischen Rudolf Reinhold Junghanns und Rilke, über die sich Inga sehr freute, bei denen sie aber lauschende Dritte war und die hausfrauliche Betreuung des Gastes vornan stellte. Es war eine fröhliche Gesellschaft: «Wie schön wir doch zusammen gelacht haben, wie viel und wie herzlich.»[2] Später stellte sich Inga Junghanns das Trio in Sils–Baselgia als «unsere kleine Dreieinigkeit dort» dar[3]. Am Tage der Abreise Rilkes nach Soglio schon schrieb sie diesem ins neue Domizil: «Nun ist nichts mehr wie vorher, denn Nachglanz dieser Tage wird bleiben und vieles färben, das früher farblos war.»[40] Mehr noch war ihr klar geworden: «warum ich in mir das Recht fühle ohne Anmassung, Sie zu lieben.»[5]

Inga Junghanns hatte sehnsüchtig die Stunde der Ankunft Rilkes erwartet. In ihren Erinnerungen erzählt sie: «Lange schon vor der Ankunft stand ich auf der Treppe, die zu unserer Mansarde hinaufführte und hörte den Wagen ins Dorf hineinrollen. Endlich waren sie da. Rilke nahm meine beiden Hände, küsste sie, sah sie lange prüfend an. Und so stand ein liebes Lächeln in seinem Gesicht, während Tränen der Freude über meine Wangen rollten. In der Küche mit der schrägen Decke sollten wir essen. Nie habe ich einen Gast an meinem Tisch gehabt, der so schnell in Stimmung gekommen wäre, wie Rilke. Dass er leichte Speisen vorzog, wusste ich von früher her. Dass aber Spiegeleier auf Toast mit einer selbstkomponierten Madeira–Sauce ihm so viel Spass machen und ihn sofort an Kopenhagen erinnern würden, war ein glücklicher Zufall. Und dass schliesslich das letzte Glas Oliven, das ich bei einem Kaufmann in Sils Maria noch gerade aufgetrieben hatte, in Rilke einen kindlichen Appetit und zugleich alle fröhlichen Pariser Erinnerungen erwecken sollte, war mehr als eine Hausfrau je hätte erwarten dürfen: «Darf ich sie mit den Fingern nehmen? Das taten wir damals in Paris, wo wir sie auf der Strasse kauften und sie gleich aus dem Papier assen!» Und nun fing er an, von Paris vor dem Kriege zu erzählen, von den Freunden dort, von Rodin, André Gide, Trubetzkoj und vielen anderen. Lange sassen wir zu Tisch, als hätten wir ein grosses Souper hinter uns, bis wir endlich aufstanden, um vom Balkon aus den letzten Widerschein der untergehenden Sonne auf den Bergen zu betrachten. Hinterher, drinnen in der kleinen Stube, sprachen wir über Skandinavien, über das Meer, über Worpswede . . .»[5a]

Wie die Tage in Sils–Baselgia gefüllt waren, erfahren wir aus den Briefen Rilkes und Ingas. Sidonie Nádherný bekommt von Rilke zu wissen, dass sich das Wetter bei seiner Ankunft in Sils–Baselgia sogleich gebessert habe und ihm die Höhenluft ausgezeichnet bekommen sei[6].Schon am ersten Tage im Engadin verschwanden die körperlichen Beschwerden, die Rilke noch in Zürich zu schaffen gemacht hatten: «Ich ging, stieg, schlief mit einer Leichtigkeit, die nichts zu wünschen übrig liess.» Rilke hatte «die Probe auf die hohe Luft . . . ausgezeichnet bestanden», wie er Yvonne de Wattenwyl anvertraute[7].

Anderntags führte ein Rundgang über die Halbinsel Chasté im Silser See. Von einer Erinnerung an Friedrich Nietzsche während der Tage in dieser Gegend erfahren wir nichts. «Der nächste Morgen hatte Augenblicke von Sonne, und am Nachmittag sah ich die Matten von Crevasalva in ihrer Blüten–Fülle und Blütenkraft.»[8] Gegessen wurde «in dem kleinen italiänischen Restaurant in Plaun da Lej.»[9] An Yvonne de Wattenwyl berichtet Rilke weiter: «Gleich am dritten Tag waren wir in dem wunderbaren Fex–Tal, wo ich wilde Heckenrosen aus einer Felsspalte brechen sah ... Es giebt dort einen einfachen, handwerklich still und abseits arbeitenden Künstler, den ich kennen zu lernen wünschte, seit man mir in Zürich von ihm gesprochen hatte: und denken Sie, der Zufall brachte uns gerade an seinen Tisch.»[10] Es war der Glasmaler Ernst Rinderspacher[11]. Man traf sich in der «Sonne».

An den 27. Juli erinnerte Inga Junghanns Rilke in ihrem Brief vom 14. Dezember 1920: «In Isola, wo Sie auf dem Bergpfad den Rücken gegen den Felsen stemmten, den Blick über den tiefgründen See schweifen liessen und dann ein ganz schelmisches Blau–Auge auf uns richteten: lächelnd standen Sie da: wissen Sie, was ich tun werde? Nein? Ich bleibe auch noch morgen da! ... Es war ein so guter Spaziergang, der nach Isola an jenem hohen Sonntagnachmittag.»[12]

In den Gesprächen ging es um aktuelle Neuerscheinungen auf dem Büchermarkt: Oswald Spengler, Hermann Graf Keyserling[13], aber auch um die «Bilderbücher» von Edmund Karl von Freyhold[14]. Dann wieder gab es stille Lesestunden: Rilke las bei Kerzenlicht aus den «Elegien», woran sich Inga lebhaft erinnerte, als Rilke sein opus magnum vollendet hatte[15].

Rilke, der sich von der schwierigen finanziellen Situation des Ehepaares überzeugen konnte, war in der Folgezeit bemüht, aufgrund seiner Beziehungen Hilfe zu schaffen. Er vermittelte dem Künstler Junghanns die Bekanntschaft mit dem Bankdirektor Arthur von Gwinner und dessen Tochter Lotti (Charlotte) von Wedel und sorgte schliesslich für einen weihnachtlichen Paketgruss[16]. Auch für den von Inga Junghanns favorisierten mittellosen Lyriker Siegfried Lang leitete Rilke eine Hilfsaktion in die Wege[17].

Im Rückblick auf seinen Aufenthalt in Sils–Baselgia hält Rilke von Soglio aus «vor Allem» fest, er habe «die Klarheit und Stärke der Alpenblumen, dieser herrlichen, reinen, gesteigerten Geschöpfe» kennengelernt: «Wie bin ich froh, das alles gesehen zu haben!»[18] An Yvonne de Wattenwyl heisst es gar: «Es hat mich ergriffen, die Blumen in dieser Steigerung und Klarheit ihres Gemüthes wahrzunehmen, wie sie, auch die zartesten noch, sicherer sind, freudiger, heiterer – starke Blumen–Engel mit einem Bewusstsein der echten, der unverwöhnenden Himmel.»[19]

[1] R/J S. 160
[2] Ebd. S. 132
[3] Ebd. S. 128
[4] Ebd. S. 209
[5] Ebd. S. 127
[5a] zit. n. J. R. von Salis, Rilkes Schweizer Jahre, S. 36 f
[6] SN S. 293
[7] I. Schnack, Chronik II, S. 650
[8] Ebd.
[9] SN S. 293
[10] I. Schnack, Chronik II, S. 650
[11] 1879–1950. Über ihn: Inga Junghanns an Rilke R/J S. 137. Sie hatte Rinderspacher Rilke–Gedichte vorgelesen. Der Wanderer findet das Grab Rinderspachers auf dem kleinen Friedhof bei der Bergkirche in Fex–Crasta. Der Künstler war am 17. Juli 1919 in Soglio
[12] R/J S. 172 f
[13] Oswald Spengler, Der Untergang des Abendlandes, I. Band, Wien; 1919 Hermann Graf von Keyserling, Das Reisetagebuch eines Philosophen, München 1919
[14] 1878–1944. «Sie wissen, wie sehr ich seine schönen Bilderbücher schätze und besonders sein wirklich beglückendes Haasen–Buch» (NWV II, S. 886). Aus Soglio bat Rilke Inga Junghanns um Rückgabe der in Sils–Baselgia hinterlassenen Bilderbücher, «da nun auch hier ein paar Kinder dafür in Betracht kämen» (R/J S. 134)
[15] R/J S. 228
[16] Vgl. NWV I, S. 73. – Lotti von Wedel war mit ihren Eltern am 3. Juli 1919 in Soglio. Ihre Erinnerungen an Rilke veröffentlichte sie in der Neuen Schweizerischen Rundschau, Jg. 6, 1938/39, S. 497 f
[17] 1887–1970. R/J S. 132 f 139. Rilke beschäftigte sich mit Langs Texten am 9. August 1919 in Soglio. Die Spendenaktion erbrachte 200 Franken
[18] SN S. 293
[19] I. Schnack, Chronik II, S. 650

«Mein erster Ruhe–Ort»

Am 5. August berichtete Rilke Sidonie Nádherný über seine Ankunft in Soglio, «zu dem man von Promontogno, rechts, wieder zur halben Gebirgshöhe hinaufsteigt, durch jene unerhört grossen Kastanienwälder», die Rilke seiner Freundin gerne beschreiben wollte, sofern sie noch nicht in Soglio gewesen sein sollte. Das hielt er offenbar für möglich, da Sidonie Nádherný sich häufig in St.Moritz aufzuhalten pflegte. «Und nun Soglio, mein erster Ruhe–Ort.»[1]

Inga Junghanns erhielt schon am Abend des Tages seiner Ankunft (29. Juli), nachdem er im Palazzo Salis zu Soglio, in der «Pension Willy», Quartier genommen hatte, Rilkes ersten und umfangreichen Bericht über Anreise und Unterkunft[2]. Die Fahrt war angenehm gewesen, wegen des guten Wetters und wegen der Tatsache, dass Rilkes «doppeltes Gegenüber und der robuste Nachbar» schon in Maloja ausstiegen. «Ich blieb allein mit Sacharoffs Pelz, der etwas mehr Raum einnahm als ich – , etablierte mich im Hauptsitz des Wagens, umständlichst, kein eigener Einspänner hätte mich stattlicher repräsentieren können.» In Vicosoprano gab es einen halbstündigen Aufenthalt, der es Rilke erlaubte, die schönen Wappen an den Häusern und den Dorfbrunnen zu bewundern. Dann ging es weiter, und um zwölf Uhr war man «nach schönster Fahrt ins sonnige Bergell» in Promontogno. Dort erwartete Rilke allerdings eine Überraschung: die Post sollte erst zwischen 21 und 22 Uhr nach Soglio gehen. Ein Wagen war nicht zu haben, aber schliesslich erklärte sich der Postkutscher des Gepäckwagens bereit, Rilke samt seinem Gepäck nach Soglio zu fahren. «So fuhr ich, nicht eben herrschaftlich, aber mehr vergnügt, durch die schönen Kastanienwälder herauf und stieg genau zur Lunch–Zeit, um halb eins, vor dem Palazzo Salis ab, wo mich eine bereite Aufnahme und viel viel Post erwartete.»[3]

Sogleich wurde das neue Domizil gründlichst inspiziert, wozu der verbleibende Rest des Ankunftstages Gelegenheit gab. «Déjeuner in dem alten Esssaal zu ebener Erde, den Sie kennen, an einem kleinen

Der Pöstler, unterwegs in engen Bergeller-Gassen.

für mich vorbereiteten Tisch. Ausserdem sind drei Tische besetzt, einige Personen an je einer der langen Tafeln, ein paar davon vermuthlich Passanten und mir nah am Fenster, an einem runden Tisch, eine Dame mit vier schönen Kindern und einer japanisch aussehenden Erzieherin.» So wurde schon im ersten Augenblick eine Bekanntschaft vorbereitet, die für Rilke nicht nur für die Zeit in Soglio, sondern darüber hinaus bedeutsam werden sollte. Frau Gudi Nölke machte es möglich, dass Rilke die sonst versperrte Salis'sche Bibliothek zur Nutzung zur Verfügung gestellt wurde. Sie erlebte die Anfänge von Rilkes Bekanntschaft mit Angehörigen des Salis– Geschlechtes mit, war Gesprächspartnerin[4], Zuhörerin bei Lesungen und wurde von Rilke an der Vorbereitung der Vorworte beteiligt, die er bei den bevorstehenden Lesungen in der Schweiz an sein Publikum zu richten gedachte. Frau Nölke reiste nicht mit vier, wie Rilke zuerst irrtümlich schrieb, sondern mit drei Kindern und der japanischen Gouvernante. «Wie Rilke selber musste die verwitwete, fast gleichaltrige Frau Nölke mit knappen Mitteln in stetem Ortswechsel versuchen, sich möglichst lange in der Schweiz zu behaupten zur Heilung ihres Lungenleidens. Sie war bei Kriegsausbruch mit ihrem Gatten, einem Ingenieur, der 1917 plötzlich starb, aus Japan zurückgekehrt und widmete sich jetzt mit ihrer treuen japanischen Erzieherin dem Unterricht ihrer drei 'schönen Kinder'.»[5] Gudi Nölkes Bedeutung für Rilkes Zukunft hat Ingeborg Schnack in ihrem Buch «Rilke in Ragaz» dargestellt. Sechsundvierzig Briefe Rilkes an Gudi Nölke sind publiziert worden[6]. Von ihr empfing Rilke auch jenen alten Lederband, «mit schöner leerer Bütte drin», der ihm bei der Niederschrift der «Elegien» in Muzot dann so wichtig werden sollte[7].

Auch die andere Entdeckung geschah bereits am ersten Abend in Soglio: der alte Garten, «der neben schöner Vernachlässigung leider auch schlechte aufweist, ein entsetzliches Nebeneinander zerbrochener Tische und Stühle; aber die Buchsbaumrabatten der Rasenstücke sind noch von dem herkömmlichen Schnitt und aus hochgewachsenem Buchs sind Architekturen gebildet, die alte verfallene Mauer entlang. Dazwischen stehen viele Landblumen, halbverwilderte Rosen, Nelken, Johannisbeer–Sträucher mit reifen Beeren und ein paar Kirschbäume voll hellrother Glaskirschen. Und zwischen dem allen der wunderbare graue Gneis, der die Terrassen trägt, eine Treppe bildet, vier verfallene Stufen eine über das Wachsthum still hinausgehobene Vase . . .».

Das waren Rilkes erste Eindrücke, niedergeschrieben am Abend seiner Ankunft in Soglio. Die Lobpreisungen des Gartens endeten nicht, sondern wurden präziser in der Beschreibung. Dass die ersten Eindrücke gut waren, dankte Rilke abschliessend auch dem Ehepaar Junghanns, dessen «Gefühl» ihn herzlich begleitet habe[8]. Inga Junghanns freut sich am 5. August: «Wie gut, dass Sie in Soglio sitzen, wie ich hoffe, in Ruhe gelassen. Möchten Sie sich dort recht wohlfühlen und arbeiten können.»[9] Sie war begeistert über Rilkes «Arbeitsplatz», den sie sich vorzustellen sucht: «Welch schöne Überraschung mit der verschlossenen, Ihnen nur geöffneten Bibliothek, es ist gut, Sie darin geborgen zu wissen, in der Stille – es riecht ein wenig nach alten Büchern, aber das tut gut – eine Fliege könnte summen, sonst rühren sich dort nur die Staubkörnchen in der Sonne, und da sitzen Sie und haben Ihre Ruhe!»[10]

Sidonie Nádherný erfährt am 5. August Näheres über den Ort, in dem sich Rilke nun befand: «Ein Bergnest, dreissig Häuser mit den Felsplatten des Gneisgebirgs gedeckt, die alte Kirche (leider protestantisch und leer) am Abhang, und, als Hotellerie, der alte Palazzo Salis, mit seinen erhaltenen Boiserien, Stucs, seinen meist angestammten Möbeln, Marmortischen, Säulenbetten (meines fühl ich hinter mir, ohne mich umzusehen), Bildern, dem alten, steilen, steinernen Treppenhaus, dem gewölbten Speisesaal – und dann: diesen alten französischen Terrassengarten, in dem das Rahmenwerk tradi-

Unterhalb Soglio, wo die Edelkastanie wächst, finden sich häufig einfache, vorwiegend aus Stein gebaute Speicher und Ställe.

tionell zugeschnittenen Buchs' das Gedräng der Sommerblumen kaum einzuhalten vermag. In diesem Garten steht mein Liegestuhl – und es giebt endlich keine Menschen, ausser den paar Grussbeziehungen zu einigen Mitwohnenden. Schade, dass, trotz der unbequemen Post- und Wagenverbindung, ab und zu ein Touristenschwarm sich über dieser Verzaubertheit blindlings niederlässt, aber dann hat man immer die Zuflucht zu dem alterthümlichen Zimmer oder die Wege in die Herrlichkeit des Kastanienwaldes.»[11]

Auch die Gräfin Aline Dietrichstein empfängt (unter dem 6. August) eine begeisterte Schilderung Soglios: «Über Zürich, diese politisch trübe Stadt, ist kaum etwas zu sagen –, mich drängte es von dort sehr aus den Städten fort, Land und möglichst südlicher Himmel darüber: das schwebte mir vor, und das ist hier nun, auf eine besondere Art, für eine Weile in Erfüllung gegangen. Eine Karte der Schweiz zeigt Ihnen leicht die Verhältnisse des Bergell, die Eile dieses Tals, bei Italien anzukommen; über der Talschaft nun liegt, auf halber Bergeshöhe, dieses kleine mit Gneisplatten eingedeckte Nest, eine (leider protestantische und also leere) Kirche am Abhang, ganz enge Gassen; man wohnt mitten innen, in dem alten Stammhause der Salis (Linie Soglio), in den alten Möbeln sogar, und zum Überfluss hat der Palazzo einen französischen Terrassengarten mit den alten Steinrändern, traditionell beschnittnem Buchs und einem Gedräng dazwischen der heitersten Sommerblumen. Ein anderes Mal muss ich Ihnen von den Kastanienwäldern erzählen, die sich, die Hänge hinab, gegens Italienische zu, in grossartiger Schönheit hinunterziehen.»[12]

Von Soglio aus eröffnete Rilke die umfangreiche Korrespondenz mit Baladine Klossowska («Merline»)[13], die ihm einst die endliche Zuflucht in Muzot aufzufinden und auszugestalten helfen wird. Ihr übersandte Rilke am 4. August «Die vierundzwanzig Sonette der Louize Labé / Lyoneserin» mit der Widmung «tard, mais sans aucun oubli»[14] und fügte als Standortbestimmung die folgende Beschreibung Soglios bei: «Sie sehen mich in Soglio, einem kleinen Bergnest, das man von St. Moritz mit der Postkutsche erreicht. Ein paar Steinhäuser, eine Kirche am Rande des Abgrunds, der ehemalige Palast der Salis, der als Pension dient – das ist das ganze Soglio: nur muss man das alles auf die halbe Höhe des Berges stellen und ihm als Gegenüber andere Berge geben, mit ein wenig Schnee geschmückt, wenn Sie wollen; aber (und das ist die Hauptsache) lassen Sie über dem Ganzen die herrliche Sonne Italiens strahlen (wir sind knapp eine Stunde von der Grenze entfernt), und seien Sie sich bewusst, dass an den Abhängen die berühmten Kastanienbäume gedeihen, deren geräumige und nahezu heilige Schönheit man Ihnen vielleicht schon gepriesen hat.»[15]

1 SN S. 293

2 RJ S. 125–127

3 Inga Junghanns tat es leid, dass Rilke nicht «so standesgemäss» in Soglio angekommen war. «Wenn man sich vorstellt, dass ein Mensch wie Sie auch ans Geld denken muss, es ist doch fatal. Als hätten nicht Sie ganz etwas anderes zu denken, wenn die Welt Sie zur Ruhe kommen liesse.»(RJ S. 138)

4 Rilke erwähnt Gudi Nölke im «Ur–Geräusch»: «Eine Frau, der solches in einem Gespräch vorgetragen wurde, rief aus . . .»

5 I. Schnack, Rilke in Ragaz, S. 21

6 R. M. Rilke, Briefe an Frau Gudi Nölke. Aus Rilkes Schweizer Jahren, Wiesbaden 1953(zit.: GN). Ein Bild der Familie Nölke im Speisesaal des Palazzo Salis: GN 48/49

7 Siehe S. 69, Anmerkung 16

8 RJ S. 126 f

9 RJ S. 132

10 RJ S. 138

11 SN S. 293 f

12 R. M. Rilke, Briefe, Neuausgabe 1980, S. 593. Was die «leere» Kirche von Soglio angeht: Ihr einstiges Schmuckstück, der Altar von Hugo Strigel, 1499 geschaffen, gelangte in die Kirche Santa Croce in Piuro (vgl. Ernst Schmid, Lombardisches Land. Bauten. Gärten. Bildwerke. Brianza, Bergamo, Veltlin, Luganer See, Frauenfeld 1954, S. 266 f). Vgl. aber Renato Stampa, Storia S. 33

13 Vgl. Dieter Bassermann, Der Andere Rilke. Gesammelte Schriften aus dem Nachlass, hg. von H. Mörchen, Bad Homburg v.d.H. 1961, S. 205–221: Nachwort zu Rainer Maria Rilke et Merline: Correspondence 1920–1926

14 I. Schnack, Chronik II, S. 651; R.M.Rilke, Die drei Liebenden (i t 355) 2. Aufl. 1981, S. 69–94

15 Aus dem Französischen, zit. n. M. Zermatten, Rilkes letzte Lebensjahre, S. 49

Palazzo Salis, Rilkes Zuflucht im Sommer 1919.

«Venusberg»

Werd' ich zum Augenblicke sagen: Verweile doch! Du bist so schön! ... Rilke schreibt aus Soglio: «Der Moment ist so schön, dieser um-mich-geschlossene Venusberg, darin eine verwilderte Rose die Venus ist und Bücher aufglänzen wie das lockende Gestein im Bergraum, hat mich in seiner Gewalt, ich mag nicht darüber hinaus planen, schon gar nicht erst an den Winter denken, für den ich mir weder Ort noch Lebensweise vorzustellen vermag. An München denk ich eigentlich nicht dafür –, aber wohin? Wohin?»[1]

Rilke bekannte sich als ein Verfallener. «Was sollte ich gegen dieses Zimmer tun, in dem ich noch täglich Entdeckungen mache –, und dann ruft mich der Garten und dann fallen mir die Kastanienwälder ein: es ist kein Auskommen und kein Fertigwerden.»[2] In einem grossen Sessel in der Bibliothek «streckte der Dichter sich aus, wie ein Schiffbrüchiger im Bett nach der Rettung.»[3] Hier fühlte sich Rilke «recht nach meinem Sinne umgeben und geborgen.»[4] Und: Alle Lust will Ewigkeit, will tiefe, tiefe Ewigkeit ...

Adelheid von der Marwitz erfährt unter dem 11. September: «Meine Arbeit ist mir noch nicht wieder ergiebig geworden. Da ist es nun an mir, mich zu tadeln und mir vorzuwerfen, dass ich noch nicht so weit bin, über die Verschüttung der letzten Jahre hinaus meine neuen Ranken und Blättchen auszustrecken, vielleicht drängen sie irgendwo, aber an der Oberfläche ist nur Schutt und Öde und keinerlei Wachstum will sich noch erkennen lassen. Ich müsste auch an irgendeiner Stelle beginnen, jetzt, heute, sofort –, aber es ist kein Wählerisch-Sein, dass ich, trotz solcher Einsicht, auf gewisse Umstände warte, von denen ich mir eine eigentümliche Unterstützung verspreche. Ich hoffe auf ein kleines altes Haus, einen alten Garten, wo ich mit der Natur und einigen Dingen, in denen Vergangenheit pocht, eine lange Abgeschiedenheit antreten dürfte: ohne derartige Hülfe meine ich die Besinnung nicht leisten zu können, die mir diejenige stillste geschützteste Stelle meiner inneren Natur offenbaren sollte,

Entsprechend der aus dem Ausland mitgebrachten Bau- und Raumgesinnung wurde auch die Umgebung gestaltet.

an der die neuen Quellen entspringen . . . Hier hat sichs fast verwirklicht, wenn auch nur als ein Vorläufiges: man bewohnt in diesem Bergnest (eine Wegstunde kaum von der italienischen Grenze) einen uralten Palazzo Salis, der, obwohl seit Jahrzehnten Hotellerie, sein angestammtes Zubehör, seinen alten Garten mit dem beschnittenen Buchs beibehalten hat und in dem mir zum Überfluss die (sonst den Gästen unzugängliche) alte gräfliche Bibliothek eingeräumt worden ist: ein Zimmer nach meinem innersten Sinn und voller Verwandtschaft mit meinen vertrautesten früheren Installationen.»[5] Katharina Kippenberg, der Frau seines Verlegers, schreibt Rilke am 17. August ebenfalls davon, dass eine neue Phase dichterischer Produktivität noch nicht errungen sei: «Ich bin eben langsam, aber die geistige Geduld gehört zu den Fähigkeiten, die ich mir leistend und dienend errungen habe, und so leb ich aus ihren unscheinbaren Vorräten. Aber hier ist so viel Vergünstigung für mich, das alte Haus, der melodische Garten, in dem man die Notenzeilen noch erkennt unter der verwilderten Musik seiner Blumen, und nun zu allem dieses Bibliothekszimmer (. . .): Ähnliches müsste mir gewährt sein ein Jahr lang, aber mir allein: wie weiss ich das genau, seit ich hier bin, was mir not täte: so ein kleines Haus, in dem die Essenz angestammter Vergangenheiten das Menschliche darstellte (Bücher, Bilder von Generationen, der Geruch aus den Schubladen und der sanfte Staub, der aus irgend einem Hinschwinden stammt, das nicht zu entdecken ist), alles das als Ersatz, ein Jahr lang, für menschlichen Umgang –, und dafür die Dinge mit ihrer ununterbrochenen sublimen Mitteilung, dafür draussen der Garten, der tägliche Weg, auf dem kein anderer Schritt das grüne Zuwachsen aufschiebt, der Himmel über der umgrenzenden Mauer und in ihr vielleicht eine Nische, die einmal bemalt war, die einmal eine Steinfigur einrahmen mochte, ein Urne, was weiss man, oder die unten ein ausgetrockneter Brunnenstein abschloss, den der fröhlich sanfte Rand des Wassers innen gemildert hat . . . ('Stimmen, Stimmen

. . .': erinnern Sie diese Stelle in den noch immer unterbrochenen Elegien?) Nun seit mir hier so Günstiges geworden ist, hoffe ich wieder ein wenig, es möchten sich bald irgendwo die Bedingungen finden, zu denen ich jenes unverkenntliche Ja sage, wie damals zu dem einsamen Winter auf Duino . . .»[6]

Auch der Gräfin Mirbach gegenüber spricht Rilke von seiner «gar nicht zu übertreibenden Langsamkeit». «Ich muss überall im Leben beginnen dürfen und mich der Einbildung ausliefern, dass an dieser Stelle und an jener, soll sie mir einigermassen zuträglich und zutraulich werden, unendliche Vergangenheiten sich abgespielt haben, die, mit einem Zweige mindestens, mir zu- und in mich einwachsen wollen, als wärens meine eigenen oder die meiner Familie. So wars schon vor dem Kriege in Spanien in einer ganz eindringlichen Weise, die es mit sich brachte, dass ich nach einem halben Jahr mit Überwindung fortging, – und so ists nun in diesem sehr besonderen Bergnest . . . Alte Häuser, alte Dinge können dann die zwingendste Macht über mich bekommen, der Geruch alter Schränke und Schubfächer atmet sich so familial ein, ich erzählte ja, was hier alles von dieser Art herumsteht – ich schilderte Ihnen Boiserien, Stucs, mein Säulenbett, nicht wahr? und den alten Garten, in dessen zugeschnittenen Buchsrahmen der wilde Blumensommer sich erneut und aufdrängt –, aber damals war die äusserste Verführung mir noch gar nicht wiederfahren, denken Sie nur, was noch sich eröffnen sollte? : ein altes, den Gästen sonst nicht zugängliches Bücherzimmer, die alte, hier noch vollständig aufbewahrte Salissche Bibliothek! Ein altmodischer Raum, still, nach dem Garten zu (der durch die offenen kleinen Fenster nun grün hereinscheint und hereinsummt), über dem Kamin ein riesiges Wapenbild der Salisschen Weide, ein altes Spinett davor, in der Mitte ein fester quadratischer Tisch des siebzehnten Jahrhunderts, ihm gegenüber ein grossmächtiger Sessel, Louis Quatorze, mit der alten gestickten Posterung, an einem der drei Fenster war eine wahrhafte eiserne

Truhe (der riesige, vielfältig bebartete Schlüssel liegt darauf) – und sonst? Bücher, Bücher, Bücher. Reihen entlang und Schränke voll. Bücher des siebzehnten Jahrhunderts, ja noch viele Schweinsleder–Bände des XVIten (darunter einzelne Aldus und Elzevir) die Memoirenliteratur des achtzehnten in reizenden Lederbänden der ganze Linné und viel Schweizerisches und Bündnerisches natürlich, auch die Dichter . . .»[7]

Es wird immer diese Bibliothek mit ihren «alten Dingen» sein, die in Rilkes Erinnerung als Ur–Bild für den «Ort der tiefen erkennenden Heimathlichkeit»[8] dienen sollte. Das beweist nicht zuletzt der Brief, den Rilke am zweiten Weihnachtstag 1919 an Nanny Wunderly–Volkart schrieb, deren Bekanntschaft er im Zuge seiner Vortragstätigkeit im Herbst 1919 gemacht hatte und die ihm bis in die Stunde seines Todes verbunden bleiben sollte: «Liebe, heut bekomm ich unerwartet zwei Bildchen jener Stube, die mir so grossmüthig und zusagend war, der alten salis'schen Bibliothek auf Soglio –, sehen Sie sich hinein, so muss es einmal bei mir aussehen, denn da war nichts, was erst unterrichtet werden musste und mit mir bekannt gemacht.» Nach einer Begründung, warum es gerade «alte Dinge» sein müssten, die «das Unverlässliche ins Elementare» transponieren und damit des Dichters schöpferischen Nerv berühren, schildert Rilke noch einmal den Ort, der ihm den Vorgeschmack des Zieles vermittelt hatte und der ihm fast schon Erfüllung bot: «An dem rüstigen Tisch in der Mitte schrieb ich. Sehen Sie den herrlichen Sessel, der ihm gegenübersteht quer, daneben, ein Tisch voller Bücher. Das Fenster gradaus ging auf den alten Terassengarten hinaus, links noch zwei Fenster über die Landschaft. Wie die Wände herum aussahen, zeigt das andere Bildchen: alte Kalbleder–Bände, von jenem Braun, das Sie lieben. Fast die ganze vierte Wand, im Rücken, nahm der Marmorkamin ein, an dessen schrägen Mantel gelehnt ein gemaltes Salis'sches Wappen stand. Ein Spinett davor. Das war Alles. Die Silhouetten fand ich in einem

Schrankfach und hängte Sie dort auf, wo Sie sie erkennen, – das war aber auch das Ganze, was ich an 'Einrichtung' leistete. Alles andere stand und erwartete mich. Wie wehmüthig wars, fortzugehen.»[9]

Lou Andreas-Salomé erfährt im Januar 1920, der Dichter sei «sehr müde dieser Heimathlosigkeit, dieser immer neuen Anpassung ans halbe oder kaum Zusägliche»: einmal müsst's jetzt genau um mich werden.» Und wieder folgt der Rekurs auf Soglio: «Hab ich doch sommers in Soglio wieder gesehen, was äussere gute, vertraute Umstände mit einem Schlage in mir bewirken können, die alte kleine Bibliothek dort, der Garten, und über Nacht war ich in mich eingesetzt, freilich das Weitere fehlte, die Einsamkeit, die Stille, das rechte bekömmliche Versorgtsein, was Ernährung angeht – trotzdem, wie froh war ich schon dieser paar Umstände.»[10]

Auch Dr.Wilhelm Muehlon, den Rilke in Bern kennengelernt hatte und dessen Schrift «Die Verheerung Europas» er in Soglio las, wurde am 19. August 1919 über Rilkes Situation in Soglio ins Bild gesetzt: «Die unverstörteste Stelle des Hauses, mit einem rüstigen Tisch, einem herrlichen Lehnsessel, einem Spinett und, rings, Bücherreihen bis an die Decke, in denen ich nach Einfall und Lust stöbern und stäuben darf. Das Jüngste in diesem Büchervorrat stammt aus der napoleonischen Zeit, seine Grenzen nach rückwärts mögen bis ins sechzehnte Jahrhundert zu schieben sein: ein paar Aldus und Elzevier hab ich neulich aus ihrem sanften Staube aufgerüttelt.»[11]

Nach dem ersten Septembersturm über Soglio klagte Rilke: «Es gehört zu den Bedrückungen dieser Tage, dass dieser Raum mir so durchaus in allen seinen Eigenheiten zusagt; wie würd ich auf ihn zureisen, wüsste ich, dass er irgendwo so bestände in einem Hause, das kein Gasthaus ist, und wo er mein wäre für Jahre! Schon sprech ich, was ich im Finden so freudig begrüssen konnte, mit Wehmut aus; trotzdem, es wird ein eigenthümlich günstiger Moment gewesen sein, dieser auf Soglio.»[12]

Fensterwand im Salon des ersten Obergeschosses mit dem Fridericus–Unicus–Medaillon.

Bestimmte offene Wünsche konnten Frau Gudi Nölke[13] und Inga Junghanns erfüllen. Beide taten es dankbar und gern. Als Rilke um Nüsse, trockene Trauben und zwei Kerzen bat[14], tat Inga Junghanns ein übriges und sandte ihm dazu einen Leuchter. Am Tag nach Mariae Himmelfahrt bedankte sich Rilke für das erhaltene Paket, nicht ohne zu bemerken: «in meiner Bibliothek steht ein alter [Leuchter] aus Messing; es waren nur die Lichter gemeint.»[15]

Es gibt Widersprüche in Rilkes Soglio–Schilderungen. Gewisse Unzulänglichkeiten werden notiert, die am Ziel–Ort zu verbessern wären. Vor allem der Grad der Einsamkeit müsste gesteigert werden. Das Allein–Sein müsste Hand in Hand gehen mit der Allein–Verfügung über die «Dinge». Aber es überwiegt die überschwängliche Dankbarkeit für diese Zwischen–Station, die sich dann als Weg–Weiser zum Ziel–Ort erwiesen hat. Auf jeden Fall aber würde der Sommer in Soglio «viel, viel zu kurz gewesen sein.»[16] Aber sind nicht alle Sommeraufenthalte in Soglio zu kurz?

Soglio ist Rilke wirklich zur «Schwelle» geworden. Dass Muzot nicht das «Paradies» sein konnte, dafür sorgte alsbald nach dem entscheidenden Schaffens–Sturm die sich tückisch einschleichende Krankheit. Auch in Soglio stand es mit dem «körperlichen Gleichgewicht» nicht zum Besten, wie er am 25. August 1919 Resi Hardy anvertraute. Dennoch war ihm «hier, auf Soglio, zum erstenmal seit dem Ausbruch des Weltunheils der Ansatz zu einer Art von Besinnung verstattet worden: und etwas von jenen hülfreichen und tiefwirkenden Umständen, wie sie mir ähnlich früher zuweilen an den verschiedensten Punkten der herrlichen (ach, quand meme: so herrlichen!) Erde vergönnt gewesen sind.» Was wog der Kinderlärm, der ihm auf die Nerven ging, gegenüber der Bereicherung, die Rilke erfuhr, als sich ihm die Bibliothek erschloss? «Als ich mich über den Kinderlärm beklagte, den die Jugend von Soglio vor meinen Fenstern vollführte, räumten mir die trefflichen Hauswirte, zu gelegentlichem Gebrauch, ein den Gästen sonst unzugängliches Zimmer ein, denken Sie, nach dem Garten zu gelegen, voll alter Dinge und an drei Wänden voller Bücher (seltener und seltenster des sechzehnten, siebzehnten und achtzehnten Jahrhunderts –): mit einem Wort: die noch ganz unberührte gräflich–Salis'sche Bibliothek: mit der nun, seit ich mich in sie zurückziehen darf, aller Zauber des alten Hauses über mich mächtig geworden ist, mich von Tag zu Tag mehr und mehr einspinnend! Und diese Vereinigung von alten, mit Vergangenheit überfüllten Dingen, Gartenstille und Sommerwind, wie er durch das vertrauliche Fenster hereinstreicht, sanftem Bücherstaub und halbvergessenen Dichtern ... Diese Vereinigung schafft etwas um mich wie die Atmosphäre eines Venus–Bergs, aus der kein Entrinnen möglich scheint ...»[17]

[1] An die Gräfin Mirbach-Geldern am 13. August (R.M. Rilke, Briefe, S. 596)
[2] Ebd.
[3] Katharina Kippenberg, zit. n. M. Zermatten, Rilkes letzte Lebensjahre, S. 50
[4] R.M. Rilke und Marie von Thurn und Taxis, Briefwechsel, Zürich und Insel-Verlag 1951, S. 579
[5] Briefe, S. 602f
[6] Zit. n. Materialien zu Rainer Maria Rilkes «Duineser Elegien», hg. von U. Fülleborn und M. Engel, 1. Band: Selbstzeugnisse (stb 574), S. 160f. Elegien-Zitat: siehe Die erste Elegie, Vers 54 (R.M. Rilke, Duineser Elegien, Leipzig 1923, S. 8). In der von Rilke in seinem Brief an Katharina Kippenberg beschriebenen «umgrenzenden Mauer» des Gartens in Soglio befinden sich heute die Urnen des gräflichen Paares Peter und Winifred Alice de Salis. Unvergesslich jene dreiviertel Stunde, in der mir der alte Graf Zutritt zu der Bibliothek gewährte und mich auf einige Besonderheiten hinwies, die sonst meiner Aufmerksamkeit gewiss entgangen wären!
[7] Briefe, S. 594–596
[8] RJ S. 169 (23.11.1920)
[9] NWV I, S. 65f
[10] R.M. Rilke / Lou Andreas-Salomé, Briefwechsel, hg. von E. Pfeiffer, Frankfurt/M. 1975, S. 416
[11] Zit. n. J.R. von Salis, Rilkes Schweizer Jahre, S. 39f. Über Muehlon vgl. Alfred H. Fried in: Neue Wege, 12. Jg., 8, 1918, S. 408–413 Leonhard Ragaz, ebd., S. 296–298. Über Rilkes Beziehung zu dem in die Schweiz ausgewichenen bürgerlichen Oppositionellen und ehemaligem Krupp-Direktor vgl. J.R. von Salis, S. 40f Joachim W. Storck, «Die Verheerung Europas». Rilke und Wilhelm Muehlon, Jahrbuch der Deutschen Schillergesellschaft, Bd. XXII, 1978; über Rilkes politisches Bewusstsein hat ders. in Recherches germaniques, Nr. 8, Strasbourg 1978, S. 83–112, gehandelt. Vgl. R.M. Rilke, Briefe zur Politik, S. 277–280; S. 595f.
[12] Zit. n. J.R. von Salis, S. 44
[13] Gudi Nölke schrieb am 21. September: «... Eigentlich sollte dieser ganze Brief weiter nichts sein, als ein ganz grosse 'Ich danke Ihnen!' Für so viel unaussprechlich viel Schönes! für alles, was Sie sagten (ach, dass ich oft so viel sprach, von so viel Nichtigkeiten, wo ich doch so lange schon und so tief empfand, was für eine hohe und köstliche Zeit es für mich war, als ich Ihnen zuhören durfte!) und dafür, dass Sie mich sprechen liessen, wie ich es nie vorher gekonnt habe! Weil es nie einen Menschen gab, bei dem man eigentlich meinte: er wisse ja doch schon längst alles, ehe man es sagte! – Und für eins möchte ich Ihnen gern danken: dass Sie es mir so leicht machten, Ihnen ab und zu eine kleine Freude zu machen...» (Katalog, S. 255)
[14] RJ S. 133
[15] RJ S. 142
[16] Briefe, S. 594
[17] Katalog S. 248f

Der hohe Korridor des Palazzo veranschaulicht die grosszügig gewählte Architektur.

«In den alten Schweinslederbänden altmodischer Dichter»

Nach eigenem Zeugnis ist Rilke in Soglio die Arbeit «nicht wieder ergiebig» geworden[1]. Die Bibliothek des Palazzo Salis, dem Grafen John von Salis, dem britischen Botschafter beim Vatikan, ebenso gehörend wie das Salis–Schloss in Bondo, das Rilke am 8.September besuchte, gab ihm die Gelegenheit, sich in Familien- und Bündnergeschichte zu vertiefen, und Rilke hat diese Möglichkeit begeistert genutzt. Katharina Kippenberg erfährt unter dem 11. August: «da hab ich nun meine rein eigenthümliche Zurückgezogenheit in einem Louis–Quatorze–Sessel und lese, an ein Spinett gelehnt, in den alten Almanachen . . .»[2] Neben seinem Bett liegt freilich «immer» Goethes «Wilhelm Meister»[3]. Im Gartenhäuschen liest Rilke am 16. September Goethes Elegie «Euphrosyne»[4] – wie sich Inga Junghanns erinnerte: «und wie er las»[5]. Aus der Beschäftigung mit Goethe mag der Wunsch erwachsen sein, Goethes zweite Schweizer Reise (wenn auch in umgekehrter Richtung) nachzufahren – ein Plan, den dann das Wetter zunichte machte[6].

Natürlich befasste sich Rilke in Soglio auch mit anderen Autoren. Von der politischen Prosa Wilhelm Muehlons war schon die Rede. Ausserdem beschäftigte sich Rilke mit Schriften von Iwan Goll und Heinrich Vogeler, die ihm nach Soglio geschickt worden waren, ferner mit der Aksakow'schen Familienchronik[7], deren deutsche Übersetzung 1919 im Insel–Verlag erschienen ist. Vor zwanzig Jahren habe er an diesen Erzählungen russisch gelernt, lässt Rilke Katharina Kippenberg wissen. Nun liest er an Abenden daraus vor. Auf Bitten von Inga Junghanns beschäftigt sich Rilke mit deren Texten, dann auch mit Gedichten von Siegfried Lang[8] und auf Wunsch von Katharina Kippenberg mit der Lyrik von Karl Lorenz, die er ablehnt[9].

Das literarische Erlebnis für Rilke in Soglio war die Begegnung mit der Schweizer Dichtung. In der Bibliothek fand er alte Ausgaben der Gedichte von Johann Gaudenz von Salis–Seewis (1762–1834)[10] und

Albrecht von Haller (1708–1777)[11]. In seinen Briefen hat er diese «altmodischen» Dichter ebenso gerühmt wie den modernen Carl Spitteler (1845– 1924)[12], dessen «Prometheus und Epimetheus»[13] Rilke fasziniert haben muss. Spitteler war die eigentliche Entdeckung: «Et sur mes genoux: Le Spitteler!»[14]

Von Johann Gaudenz von Salis fand Rilke die Ausgabe von 1800 in der Bibliothek vor[15], wie er Resi Hardy verrät[16]. Katharina Kippenberg bekommt den Dichter als jenen vorgestellt, «der vom Immergrün so schön zu fühlen weiss»: «Junges Sinngrün drängt sich dichter / an des Jünglings flachen Stein, / öffnet blauer Blumen Trichter . . .»[17] Die «Reisegefährtin» Putzi Casani (Albertina Böhmer), mit der Rilke auf der Einreise in die Schweiz zwischen Romanshorn und Zürich das Eisenbahnabteil geteilt hatte, erhält von Rilke aus Soglio eine Abschrift der zehn Strophen des Salis–Gedichtes «Berenice» mit dem Bemerken: «Wie nahe liegt's, dieses Gedicht mit allen seinen Übertreibungen zu belächeln. Und doch ist man nicht zuletzt von einer eigenthümlichen Vorsicht leise zurückgehalten? – Ist es nicht doch echt im Aufschwung seiner Entzückung, in dem grossen Anlauf seines Gefühls? 'Sie tritt hervor; ihr Kirschenblüthenreiser, / Enthüllt ihr Angesicht! / Lauscht, Nymphen, lauscht!' . . .»[18]

Die Bibliothek in Soglio war für Rilke so recht der Ort, Salis zu lesen und zu geniessen! «wo sollte man ihn sonst lesen! den ich mir vorbehalte für die abendlichen Stunden, wenn etwa eine sich etwas gefühliger geben mag. Da les ich ihn laut, den Vergessenen in diesem Bücherzimmer, und mich rührts, wie er da zu Stimme kommt, nicht eben gross, aber doch, in den schönsten reinsten Zeilen, so armselig und Nachtigallig, wie's zu jener Zeit gehört hat und zu dem Garten, der da überlebt, überlebender als der einst vom Ewigen bewegte Dichter.»[19] Ingeborg Schnack konstatiert bei Rilke Anklänge an die Salis'sche Lyrik und verweist dabei besonders auf das Gedicht «Wehmut»[20]. Später las Rilke die Biographie des Dichters aus der Feder von

Adolf Frey[21] und fahndete in Antiquariaten nach alten Ausgaben der Salis'schen Gedichte.[22]

War Salis den etwas gefühligeren Abendstunden vorbehalten, las Rilke Albrecht von Haller bei Tage, wie er der Gräfin Mirbach–Geldern in demselben Briefe erzählt, in dem er auch Salis vorstellt[23]: «bitte, diese Strophe aus einem Gedicht 'Morgen–Gedanken', in dem Gott angeredet wird: 'Dem Fisch, der Ströme bläst und mit dem Schwanze stürmet, / hast Du die Adern ausgehöhlt / Du hast den Elephant aus Erden aufgetürmet, / und seinen Knochenberg beseelt.'» Freilich gibt es auch ein Zeugnis dafür, dass Rilke ihn «gegen Abend» aufschlug[24]. 1921 entdeckte Rilke in einem Katalog für die Auktion der Bibliothek von Hans Heinrich Wunderly Albrecht von Hallers «Versuch Schweizerischer Gedichte» «in genau jener Edition von 1777 ..., die ich in der Soglio–Bibliothek so sehr bewundert habe». Er fragt die Freundin Nanny Wunderly–Volkart geradeheraus: «Hätten Sie den doch vor der Katalogisierung für sich unterschlagen. Ging das nicht?»[25] Als er dann das Buch zu Weihnachten 1921 zum Geschenk erhält, vermerkt er dankbar: «die édition ist noch schöner, als die in Soglio!»[26]

Bleibt: «Le Spitteler!» 1926 schrieb Rilke: «'Prometheus und Epimetheus'. Le grand miracle de cet été eloigné«[27]. Schon 1920 hatte Rilke Nanny Wunderly–Volkart nach einer Lesung aus «Prometheus und Epimetheus», bei der er die «bewundertsten Stellen» daraus vorgetragen hatte, darauf bezogen geschrieben: «ob ich sie gleich noch vollkommen im Gefühl trug (von Soglio her, wo ich mir, vor einem Jahr, diese Entdeckung bereiten durfte), so überraschten und überfüllten sie mich doch noch völlig mit ihrer erhabenen grossen Herrlichkeit. Was für ein Dichter. Der Dichter, dort, wo's auf den grossen Namen nicht mehr ankommt, sage man nun Dante oder Spitteler – , es ist dasselbe, es ist der Dichter, denn im letzten Sinne gibt es nur Einen, jenen unendlichen, der sich da und dort durch die Zeiten in einem, im unterworfenen Geiste geltend macht.»[28] Aus Soglio beschrieb Rilke am 21. August in einem Brief an Yvonne de Wattenwyl die Entdekkung Spittelers so: «Denken Sie, mitten in dem Gestöber [in der alten Bibliothek] hat mich ein ganz anderer unterbrochen und zu eigenthümlicher Aufmerksamkeit gezwungen: Spitteler. Sein offenbar ältestes Buch: Prometheus und Epimetheus. Man widerstrebt dieser unentgegenkommenden Sprache, um so mehr bedeutets, dass sie einen einnimmt, ja sogar hinreisst in ihr hartufriges Flussbett, das zuweilen das Bett einer gewaltigen Strömung ist. Was für ein Dichter: wie gesichert ist die fortgesetzte Vision in ihm, wie bestimmt und begrenzt, wie rein führt er ihre Aufträge aus. Ich staune. Und gleich darauf in den Lachenden Wahrheiten (die doch auch schon erschienen sind) welchen erbosten, witzigen und herabgesetzten Gebrauch macht er da schon von seinen besten herrlichen Eigenschaften! Wie soll man sich das erklären? (nein, ich sehe eben das Datum nach: Die 'Lachenden Wahrheiten' erschienen achtzehn Jahre nach 'P.u.E.' –, aber welche böse Verbitterung!)»[29]

Vermerken wir in diesem Zusammenhang auch noch dies: Auch die bildende Kunst blieb für Rilke nicht ausserhalb des Gesichtskreises damals in Soglio, freilich nur auf ihn selbst bezogen. Rilke empfing drei Abbildungen der von Fritz Huf gestalteten Rilke–Büste aus dem Jahr 1915[30]. Und für ein paar Tage bekam er «ein grossartiges Bild Rodins, an seinem Totenbett aufgenommen. Von einer unbeschreiblichen Erhabenheit des Ausdrucks«, wie er Yvonne de Wattenwyl am 9. September brieflich erzählt[31]. Schliesslich begeisterte sich Rilke für das soeben erschienene «Stundenbuch» von Frans Masereel.[32]

[1] Am 11. September (R. M. Rilke, Briefe, S. 602)

[2] I. Schnack, Chronik II, S. 652

[3] An Elya Nevar, 20. September (I. Schnack, Chronik II, S. 658)

[4] Goethes Werke. Auswahl in vier Bänden, Leipzig o.J., 1. Band, S. 169–172. Nach einem Besuch im Goethehaus in Weimar hatte Rilke am 25. August 1911 der Fürstin Thurn und Taxis geschrieben: «Dann ergriff mich mehr und mehr diese Gestalt der kaum zwanzigjährigen Christiane Neumann, auf deren Heimgang Goethe das grosse Gedicht Euphrosyne geschrieben hat ... Es war mein Erstes hier, es zu hören, es ist wirklich ein Leuchten um so früh Verstorbene, durch sie bekommt das Totsein etwas Kühnes, etwas Reiches, beinah Berühmtes.» (Briefwechsel I, S. 59)

[5] RJ S. 193 (in Verbindung mit den publizierten Erinnerungen von Inga Junghanns)

[6] I. Schnack, Chronik II, S. 659

[7] I. Schnack, Chronik II, S. 658

[8] RJ S. 132 f

[9] I. Schnack, Chronik II, S. 658

[10] «Am Schluss des 18. Jahrhunderts schenkte das Schicksal dem Bündner Volk in Johann Gaudenz von Salis–Seewis auch noch einen Dichter. Er gilt als der namhafteste Schweizer Lyriker vor Gottfried Keller. Die erste Sammlung seiner Gedichte erschien 1793, als Salis aus dem französischen Dienst in die Heimat zurückkehrte. Seine Lieder sind während der achtziger Jahre in Paris entstanden. Die Sehnsucht nach dem Lande der Väter, nach den Bergen und Wäldern Graubündens weckte den göttlichen Funken in ihm. Teilnahmslos ging er am Prunk und Zauber der Grossstadt vorbei, floh aus ihrem Gewühl in die Einsamkeit, wo er im Geiste das Land seiner Liebe suchte. Dem Heimaterlebnis und Heimweh des Dichters verdanken wir die herrliche «Elegie an mein Vaterland», das «Lied eines Landmanns in der Fremde» und alle die anderen liebenswürdigen dichterischen Schöpfungen, in denen er seiner Verbundenheit mit der Natur, seiner vom Pietismus genährten religiösen Gesinnung, seinem Gedenken an Grab und Tod und Vergänglichkeit ergreifenden Ausdruck gab. Ein Glück, dass sein Freund Mathisson ihn rechtzeitig zur Veröffentlichung der Gedichte veranlasste. Später hätte sich Salis kaum mehr dazu entschlossen denn sein ganzes ferneres Wirken war der geistigen und politischen Wiedergeburt des schweizerischen und bündnerischen Vaterlandes gewidmet.» (Friedrich Pieth, Bündnergeschichte, 2. Aufl. Chur 1882, S. 292)

[11] Otto Weber, Albrecht von Haller, Göttingen 1958

[12] Albert Soergel – Curt Hohoff, Dichtung und Dichter der Zeit. Vom Naturalismus bis zur Gegenwart, 1.Band, Düsseldorf 1964, S.513–524. Spitteler erhielt 1919 den Literaturnobelpreis

[13] Carl Spitteler, Prometheus und Epimetheus. Ein Gleichnis von Carl Felix Tandem. Erster Theil, Aarau 1881. Zweither Theil, Aarau 1882. 2. Aufl. 1906 (nicht mehr pseudonym). 1924 Neufassung unter dem Titel «Prometheus der Dulder». – Vgl. Jonas Fränkel, Spitteler. Huldigungen und Begegnungen, St. Gallen 1945, S. 91–97

[14] NWV II, S. 1144

[15] Gedichte von J. G. von Salis. Gesammelt durch seinen Freund Friedrich Matthisson, Zürich 1793. – 4. vermehrte Auflage, Zürich 1800; Rilke fand die neueste vermehrte Auflage Zürich 1839 vor

[16] Katalog, S. 249

[17] I.Schnack, Rilke in Ragaz, S. 20. Sie verweist auf Rilkes Gedicht «Im Kirchhof zu Ragaz Niedergeschriebenes I» (WA 3, S. 168)

[18] I. Schnack, ebenda N. Kindler, Liebe, 2. Aufl. München 1980, S. 93 f.

[19] An die Gräfin Mirbach–Geldern am 13. August 1919 (Briefe, S. 597)

[20] I. Schnack Rilke in Ragaz, S. 145

[21] Frauenfeld 1889 (vgl. NWV I, S. 307)

[22] Vgl. NWV I, S. 309

[23] Briefe, S. 596

[24] Siehe I. Schnack, Rilke in Ragaz, S. 20

[25] NWV I, S. 565. – Das Buch erschien 1732, in der 11. Auflage 1777

[26] NWV I, S. 625

[27] NWV II, S. 1144

[28] NWV I, S. 291 f

[29] I. Schnack, Chronik II, S. 655 f. – Carl Spitteler, Lachende Wahrheiten (Essays), 1898

[30] Vgl. W. Ueberwasser, Fritz Huf. Bildnis Rainer Maria Rilkes, in: Hauptwerke des Kunstmuseums Winterthur, Winterthur 1949, S. 168–177; Rainer Maria Rilke, Die Briefe an die Gräfin Sizzo 1921–1926, Frankfurt/M. 1977, S. 33

[31] I. Schnack, Chronik II, S. 656

[32] Vgl. Rainer Maria Rilke, Lettres françaises à Merline 1919–1922, Paris 1950, S. 11. – Frans Masereel, Mein Stundenbuch. 165 Holzschnitte. Mit einer Einleitung von Thomas Mann (List Bücher 90), München 1957.

Kunsthandwerkliche Kostbarkeiten im Prunkzimmer des Palazzo Salis.

«. . . mit einer ungewöhnlichen, allumfassenden Seele zu verkehren»

Am 1. November 1919 hielt Rilke im Literarischen Klub des Lesezirkels Hottingen seinen zweiten Lese–Abend in Zürich. Rilke trug unter anderem das im August in Soglio entstandene Prosastück «Ur–Geräusch» vor. Unter seinen Zuhörern befand sich auch Henry Lüdecke, damals Lehrer an der Kantonalschule in Schaffhausen, später Anglist an der Universität Basel[1]. Er hatte Rilke in Soglio kennengelernt. Wir verdanken ihm einen Bericht über den Vortragsabend in Zürich[2]: «Die etwas untersetzte, schmächtige, ja zarte Gestalt des Dichters mit dem sinnenden, fast traurigen Lächeln und den grossen, fragenden Augen verhielt sich zunächst abwartend ruhig und schien sich nur tastend in den Vortrag zu wagen. Was mir sehr bald auffiel, mich sogar etwas eifersüchtig machte, war die Beobachtung, dass Rilke sich vor all diesen fremden Menschen genau so zu benehmen schien wie im privaten Gespräch im Garten von Soglio! Dort hatte er während der Sommerwochen in den Sitzungen mit Frau Nölke ihr die Gedichte vorgelesen und den öffentlichen Vortrag geübt, und in Zürich spürte man dieselbe sanfte Gemessenheit, die geformte Ausgeglichenheit, dieselbe liebenswürdige und abgeklärte Stilisierung, die seine Unterhaltung auszeichnete. Im Vortragssaal war diese kunstvolle Verhaltenheit, die jede hergebrachte Rhetorik sorgsam mied, offenbar die Basis, auf der Rilke seine Wirkung aufbaute.»

Es war verdienstlich, dass Lüdeckes Schilderung neben den Presseberichten über Rilkes Vorträge in den Anhang der Ausgabe der Briefe Rilkes an Frau Gudi Nölke aufgenommen wurde. Erfreulich ist auch, dass uns an derselben Stelle[3] auch Lüdeckes Bericht «Mit Rilke in Soglio» zur Kenntnis gegeben wird, der zuerst am 22. August 1937 in der Nationalzeitung Basel erschienen ist. Lüdeckes Reminiszenz umfasst – ebenso wie die Erinnerungen von Inga Junghanns an ihre «unvergessliche Woche» in Soglio – den Zeitraum und den Eindruckspegel einer Woche. So nüchtern der Bericht sich gibt, kann er doch nicht die Begeisterung («Trunkenheit») des jungen Lehrers verschweigen, der sich durch diese Begegnung mit dem Dichter unendlich beschenkt fand.

Wir erfahren aus Lüdeckes Bericht, wie sich die «kleine Gesellschaft» zusammensetzte, auf die Rilke stiess, als er «an einem Montagmittag in den letzten Julitagen des Jahres 1919» im Palazzo Salis in Soglio abstieg: ausser Frau Nölke, ihrer japanischen Gesellschafterin und ihren Kindern und dem jungen Lehrer aus Schaffhausen waren da noch eine Dame aus Zürich und ein Musiker–Ehepaar, ebenfalls aus Zürich. Man erwartete bereits das Eintreffen des Dichters, zumal bereits Post für ihn vorlag. Lüdecke erinnert sich genau der Ankunft Rilkes. «Wir sassen im Speisesaal am langen Esstisch, als wir draussen auf dem winzigen, gepflasterten Dorfplatz, wo abends die Bevölkerung auf den Steinbänken, mit denen der Platz umgeben war, sich angelegentlich unterhielt, wo jetzt aber die scharfe Bündner Bergsonne gleisste, die Mittagspost ankommen hörten. Einige Minuten später ging die Tür auf und ein mittelgrosser, leicht nach vorn gebeugter Mann in braunem Strassenanzuge trat mit einigen raschen, aber etwas schwerfälligen Schritten ins Zimmer und blieb stehen. Es war der Dichter, der nun mit dem bekannten traurig–sinnenden Blick schüchtern, fast ängstlich, den Raum und die Tischgesellschaft betrachtete, bis im nächsten Augenblick die rundliche, feste Gestalt des Wirtes hinter ihm in der Türöffnung erschien und ihn zu seinem Platz führte. Etwas abseits von der Haupttafel war ein runder Tisch mit einem Gedeck bereitet und dort sass fortan Rilke, mit langen schmalen Händen das Weissbrot brechend, in kleinen Schlucken den Rotwein schlürfend und uns von Zeit zu Zeit mit seinen weichen, blauen Augen schweigend musternd.»

Am Nachmittag des Ankunfttages wurde Rilke von dem Wirt «das Haus und sein interessanter Inhalt» gezeigt, dabei auch das von Lüdecke bewohnte «Staatszimmer»[4]. Nach der persönlichen Vorstellung «entspann sich ein kurzes Gespräch über diesen eigentümlichen Kulturwillen an so entlegenem Ort». Nach dem Abendessen lud Rilke den jungen Lehrer «mit heiterer Liebenswürdigkeit» zu einem Spaziergang durch das Dorf ein. Rilke blieb «oft in der Wärme der Unterhaltung stehen». Lüdecke gewann den Eindruck, dass ihn «die Dämmerung in der fremden, fast drohenden Landschaft offenbar bedrückte». An weiteren Gesprächen nach dem Abendessen in und vor dem Haus nahm «bald auch die Dame aus Japan», Gudi Nölke, teil.

«Tagesüber war von dem Dichter nicht viel zu sehen. Er hielt sich von der übrigen Gesellschaft stillschweigend zurück, und man sah ihn nur einige Stunden in dem arg verwahrlosten alten Rokoko–Gärtchen spazieren, das alte Gemäuer musternd, Buchsbaumhecken betrachtend, sich über einen alten, verfallenen, moosbedeckten Brunnen beugend, sich bückend, um eine Blume genauer anzusehen, selten aber den Blick nach oben richtend, wo über das Dach des Schlosses aus dem blauen südlichen Himmel die weisslich schimmernde Herrlichkeit der Bondasca–Gruppe auf uns herabschaute. Wenn man ihm begegnete, so zog er den flachen, graubraunen Filzhut mit einer scheuen, korrekten und aufmerksamen Höflichkeit. Aber er sprach mit niemandem.»

Als Lüdecke Rilke mitteilte, er sei im Begriff abzureisen, lud der Dichter den Lehrer ein, nach dem Mittagessen mit ihm im Garten den schwarzen Kaffee einzunehmen. «Die Gespräche mit ihm waren denkbar frei und ungezwungen und hatten doch etwas eigentümlich Feierliches. Den aussergewöhnlichen Menschen trug Rilke mit keinem Worte zur Schau, und doch wurde man das Gefühl nicht los, mit einer ungewöhnlichen, allumfassenden Seele zu verkehren. Seine Ausdrucksweise war denkbar klar und leicht, und doch gewählt, ja, man kann sagen, künstlerisch geformt. Es war nicht die Musik seiner Briefe, vielleicht, es war aber doch nicht spürbar familiärer, als der Ton seiner Vorträge. Dabei waren seine Themen fast immer unliterarisch und in der Regel sogar persönlich. Er sagte selber, dass ihn Literatur weniger interessiere als die Menschen, und seine bekannte Unbelesenheit lernte auch ich in diesen Tagen kennen.»

Während Rilke der umgebenden Landschaft kaum Aufmerksamkeit schenkte – «er bekannte, dass er zu ihr noch kein Verhältnis gefunden habe»[5] –, galt seine Aufmerksamkeit ganz dem alten Schloss, dem verfallenen Garten. «Einige etwas unbeholfene Barockverzierungen, auf die er mit leuchtenden Augen hinwies, mochten ihm wohl zunächst das Vertraute in seiner neuen Umgebung sein.» In die Vergangenheit des Salis–Schlosses versuchte sich Rilke anfangs mit Hilfe eines Romans – gemeint ist wohl «Donna Ottavia»[6] – zu vertiefen, entgegen Lüdeckes Warnung und dieser schliesslich recht gebend: «er hatte das Buch nicht zu Ende lesen können.» Lüdecke erzählt: «Sein heraldisches Interesse führte ihn bald auf einen für seine Kräfte längeren Spaziergang, zunächst auf die Talsohle bis nach Promontogno und dann hinauf auf die Höhe, wo der Salis–Gedenkturm steht und das gesamte Bergellertal in grandiosem Amphitheater sich um ihn auftürmte. Den Heimweg trat er über den nach oben und dann auf der Höhe nach Soglio zurückführenden Fusspfad an, wurde aber durch den Bach einige hundert Meter ausserhalb des Dorfes zum Stehen gebracht und musste, da er ihn auf den grossen Steinen, die als Übergang diesen sollten, nicht zu durchqueren wagte, nach einigem Zögern umkehren und den ganzen Spaziergang in umgekehrter Richtung wieder zurücklegen.»[7]

Über den Inhalt seiner Gespräche mit Rilke teilt uns Lüdecke allerlei mit: Rodin und das Leben in Paris waren Hauptthemen der Unterhaltung. Aber auch Persönliches floss ein: Rilkes Militärdienst im Kriege, seine gescheiterte Ehe. Schmerzlich berührt war Rilke durch den Verlust seiner Pariser Bibliothek mit den Werken befreundeter Dichter, obwohl er bereits wusste, dass französische Freunde einen Teil seiner Bücher gerettet hatten. Rilke sprach über André Gide und Verhaeren und liess sich von Lüdecke über die Literatur der Schweiz

Hinweise geben, obwohl seine Kenntnis der Schweizer Literatur «nicht so gering» war, «wie er nach grundsätzlicher Gewohnheit glauben machen wollte». Auch Carl Spitteler war Gegenstand der Erörterung. «Der Schweizer, der ihn in Soglio am meisten zu interessieren schien, war Albert Steffen. Er hatte dessen Novellensammlung 'Die Heilige mit dem Fisch' soeben vom Verlag erhalten und legte sie mir warm ans Herz, indem er mir den Band als Geschenk in die Hand gab.»

Eine Stunde später war der junge Lehrer talaufwärts unterwegs – «bis zur Trunkenheit erfüllt von dem Zauber eines Mannes, dessen Tod Jahre nachher jeden, der ihn gekannt hatte, wie der Verlust eines nahen Angehörigen traf».

1 Vgl. GN, S.20

2 GN, S.158

3 GN, S.159–166

4 «mit geschnitzter Nussbaumtäfelung und zerschlissenen grünseidenen Wandbehängen, vor denen einige alte, geschnitzte Rokoko–Möbel standen, in deren Mitte das Prunkstück des Gemaches sich erhob, nämlich ein riesiges, geschnitztes, von einem auf vier Barock–Säulen errichteten Baldachin überdecktes Bett»...; Lüdecke bewohnte Zimmer 23 (Vgl. Gästebuch, 19. Juli 1919); Rilke erhielt Zimmer 25

5 «Sie möchte ihm einerseits zu 'schön', andererseits zu unpersönlich und inhuman, gelegentlich auch drohend gewesen sein» (Henry Lüdecke, aaO., S.162)

6 Lüdecke scheint sich in der Angabe des Verfassers zu irren

7 Eher als den Turm bei Nossa Donna könnte man den 1891 von Guglielmo und Enrico de Salis–Soglio errichteten Turm zur Erinnerung an die sagenhafte Stammburg der Salis auf Caslac oberhalb von Castasegna als «Salis–Gedenkturm» bezeichnen (Peter Zumthor, Siedlungs–Inventarisation in Graubünden mit Inventar Castasegna, Chur 1981, S.47). Über den Turm der Burgruine Castelmur vgl. Das Bergell sehen – kennen – erleben, S.74

Entsprechend der räumlichen Grösse sind Dekorationselemente ausgewählt worden.

«Die unvergessliche Woche in Soglio»

Inga Junghanns hatte sich gewünscht, mit dem Autor des «Malte» noch einmal über die von ihr vorbereitete dänische Version des Buches reden zu können. Als sich das Ende seines Sommeraufenthaltes in Soglio abzeichnete, lud Rilke Inga Junghanns telegraphisch am 8.September nach Soglio ein: «Da ich leider doch nun sehr bald fortreise, schlage ich vor, dass Sie diese Woche für ein paar Tage mit unserer Arbeit herüberkommen, und freue mich zuversichtlich auf Ihren Besuch.»[1] Rilkes Besuch in Sils–Baselgia «und die unvergessliche Woche in Soglio» blieben Inga Junghanns im Gedächtnis und wurden von ihr «in Gedanken auch noch einmal durchlebt», als – ein Jahr später – in Kopenhagen «der September, unendlich strahlend und sonnig», sie «an den alten Garten, an die stillste Bibliothek, an all Ihre Erzählungen dort» erinnerte. «Ihnen bin ich eben immer dankbar für all das Reiche und Schöne, das Sie mir so unendlich gütig geschenkt haben.»[2] Schon bald nach jener Woche in Soglio hatte Inga Junghanns Rilke nach Nyon geschrieben: «Wie tief dankbar ich Ihnen bin für die Zeit in Soglio, für alles, was Sie mir gaben in Wort und Wesen, für das mich so beglückende Vertrauen, womit Sie mir von Ihrem Leben und Ihrer Familie erzählten.» [3] Weihnachten 1919 bekannte Inga Junghanns in einem Brief nach Locarno, die Tage in Soglio hätten ihr «wieder neues Glück durch Sie» geschenkt[4]. Als im Herbst 1921 das Ehepaar Junghanns einen Besuch in Soglio plante, las Rilke: «Wie sehr werden wir Sie dort vermissen. Ich werde alles von Ihnen grüssen, den Garten, die Höhen, die Bücher»[5], und hernach hiess es: «im Garten sassen wir viele Stunden. Wie sehr nahe waren Sie mir da in meiner Erinnerung an 1919 September Schafschur Soglio ..»[6]

Näheren Aufschluss über jene «unvergessliche Woche in Soglio» gibt uns der Brief, den Inga Junghanns am 16.September 1921 «im Garten um 6 Uhr» aus Soglio an Rilke in Muzot richtete: «Rudolf schaut gerade nach, ob Sie nicht doch in der Buchslaube am kleinen Brunnen sitzen sollten, denn oben im Gartenhäuschen, wo Frau

Nölke damals ruhte, habe ich Sie schon gesucht. Genau zwei Jahre sind es her. Ich wusste ja, dass vieles aufsteigen würde, wenn ich dies alles wiedersehen würde, ich hatte es mir doch alles vorgestellt. Aber nicht, dass der alte Garten so herrlich und die Erinnerung an Sie und die Spätsommertage vor zwei Jahren so wach.»

Dann berichtet Inga Junghanns von ihrer Bergell–Wanderung an diesem Tag: «die Sonnenluft gewürzt vom Grummet. In der Dörfer stillen Gärten duftete es nach Buchshecken und nach Rosen und Phlox. Oh, wie habe es so eingesogen, alles, auch die zarte Bläue der Berge. Und nun gar dieses Gold der nachmittäglichen Sonne in dem, endlich, wieder–erreichten Garten. – Es ist etwas Besonderes um diesen Garten. Als hätte man mit diesem Weg–Ende ein Ziel irgendwie erreicht und sei nun vor der Hand wunschlos.»

Aber dann meldet sich doch «neckisch» ein Wunsch bei Inga Junghanns: «In dieser Stunde färbt die späte Sonne die Bücherbände in der alten Bibliothek, und das Leder funkelt golden, und der Wunsch ist da, stark, dass Sie dort oben sässen, still, beglückt, und schreiben. – Vor mir, auf dem Gartentisch, liegt eine gelbe Birne und duftet süss . . . Die Zichorie hat ihre blauen Flügel schon zusammengefaltet bis auf morgen. Während dieser letzten Jahre, immer, wenn ich an das helle Blau der Zichorienblüte dachte, wusste ich für mich, als ein liebes Wissen, in Soglio blüht sie im September! – Immer noch bringt uns dieselbe sanfte Angelina den Nachmittagskaffee in den Garten hinaus. Immer noch fällt hin und da eine reife Frucht zur Erde und – dies macht etwas von dem fast unbeschreiblichen Reiz gerade dieses Gartens aus – darf liegen bleiben. Die Torrianis wollen so gar nichts vom Garten, alles darf wachsen und blühen und reifen, wie es will.» Ihr Mann bringt Inga eine schöne Blume: «Welche Mädchenhände mögen sie gesät haben vor langer, langer Zeit?» Ingas Gedanken aber umkreisen einen Dichter, «den ich nicht beim Namen zu nennen brauche, den ich aber lieben und verehren darf und immer, immer dankbar bleiben darf für alles, was er uns gegeben. Dort, im Gartenhäuschen, las er Goethes Elegie, und wie er las. Oh, Sie lieber, lieber Mensch, wie viel warme Wünsche habe ich für Sie: Nun legt sich Dämmerung über alles, und oben an den Hängen ziehen die Nebel wie eine graue Federboa weich übers Grün hin. Rudolf ist so glücklich, wieder hierzusein. Ich auch.»[7]

Es ist etwas um die Abendstunden in Soglio ...

[1] RJ S.146
[2] RJ S.168
[3] RJ S.146
[4] RJ S.160
[5] RJ S.191
[6] RJ S.196. – Der Soglio–Besucher sei auf das Bild S.63 in: 'Das Bergell sehen – kennen – erleben' aufmerksam gemacht. Heute spielt sich die «Zeremonie» nicht mehr auf der Piazza, sondern oberhalb des Dorfes an der hinaufgeführten Strasse in einer besonderen Anlage ab
[7] RJ S.192–194 «Angelina» ist Angelica Giavanoli (1889–1973). – Während Rilkes Aufenthalt lobten andere Gäste den Hotelbetrieb: so der Lehrer Rud. Setz aus Zürich (10.–12.8.) «Nette Bedienung. Vorzügl. Küche». Cl. Binetti aus Genève: «très-chic» (18.8.); Mr. Brolliet aus Lausanne: «gut, gut» (18.8.)

Herr Hofmeister als Pferdepöstler in Soglio.

«Der Abschied war nicht leicht»

Wem wäre der Abschied von Soglio je leicht gefallen? Für Rilke schlug die Stunde der Abreise am 21. September. Sie fand «in einem eingeübten ausdauernden Regen» statt[1]. Hatte sich Rilke vorgenommen, den Weg von Goethes zweiter Schweizer Reise, der Rhone folgend, freilich in entgegengesetzter Richtung, kennenzulernen, so machte die Wetterlage dieses Vorhaben zunichte. Rilke ist schliesslich, nach einem Zwischenaufenthalt in Chur, wo er am Abend des 21. September eingetroffen und im Hotel Steinbock abgestiegen war, «höchst gewöhnlich mit dem Eilzug in Lausanne angekommen.»[2] Vielleicht etwas dramatisierend, schildert Rilke der Gräfin Mirbach–Geldern die Wetterbedingungen am Tag seiner Abreise aus Soglio: «Was unsere Kutsche auf den Höhen von Maloja erwartete, war (man kann es nicht schonender sagen) Winter, war Schneetreiben mit allem Zubehör, etwas Betrübliches, ja Bestürzendes für mich, der ich in mir noch so viel Bedürfnis nach Sonne, Wärme, nach gleichmässigem gutmachendem Sommer unbefriedigt aufgespeichert finde. Entsetzt fuhr ich gleich bis Chur durch . . .»[3]

Frau Gudi Nölke erhielt am Tag nach Rilkes Ankunft in Chur Bericht über die Reise: «Wieder einmal bin ich für einen Versuch zur Ökonomie bestraft; was hätte mir gestern ein unabhängiger Wagen bedeutet! Die Post–Kalesche war abscheulich, ich musste an den kleinen Bagrow–Aksákow denken, der zum Tod des Grossvaters fährt, so ungefähr, auch genau so endlos, war mir zu Muth. Immer höher ins Schneetreiben hinauf, in einer schliesslich ganz verschlossenen Kutsche, in der zwei Contadini, die ins Fex jagen fuhren, das unmöglichste Kraut rauchten, endlich auch den vierten Gast, einen katholischen Priester, zum Rauchen verleitend. An allen Halten stieg die Gesellschaft lärmend aus und kam immer aufgethaner zurück, der 'Prete' vor allem war nicht mehr aufzuhalten in seiner zahnlückigen, stimmlosen Wichtigkeit. In Sils verliessen uns die Jäger, worauf der Priester zusammensank und mit verändertem Gesicht sein Brevier zu lesen begann, um damit nicht mehr aufzuhören. ... Und immer mehr Schnee, Schnee, Kälte: Ihr Fusssack versuchte mich von unten herauf zu trösten aber wenn ich je Schnee gehasst habe, so wars gestern!» Ein eigentlich beabsichtigter Aufenthalt in St.Moritz wurde von Rilke angesichts dieser «Unwirtlichkeit» kurzerhand gestrichen. «Um zehn Uhr war ich in Chur, leider mit gründlichen Kopfschmerzen versehen.»[4]

Inga Junghanns erfuhr, dass Rilke «in verschneiter Postkutsche» an ihr vorübergereist sei – mit dem Problem, «ein 'Soglio' für den Winter zu finden».[5] Was er sich für den Winter erhoffte, hat Rilke am 14. August in einem Brief an Elisabeth von Schmidt–Pauli ausgesprochen: «Den Anfang jener endlich irgendwie gewährten Zurückgezogenheit, für die ich jetzt erst das vollkommenste Gewissen hätte, so sehr man andererseits für die Menschen da sein müsste. Ich wärs ja dann erst recht, unendlich viel endgültiger und vorhaltender.»[6]

Rilke ist der Abschied von Soglio nicht leicht gefallen. Das wird sehr deutlich an der verhältnismässig verhaltenen Äusserung gegenüber seinem Verleger Anton Kippenberg vom 29. Dezember 1919 aus Locarno, dem er mittels dreier Fotos «meine Bibliothek und den alten Hausgarten vorstellen helfen» wollte[7], um den Massstab anzudeuten, der nun nicht mehr unterboten werden durfte, gerade weil sich bis dato die Hoffnung «auf eine Art 'Soglio' im südlichen Winter» als eine «empfindliche Enttäuschung»[8] erwiesen hatte. Nanny Wunderly–Volkart gegenüber gibt Rilke offen zu, er wolle diese Fotos seinem Verleger übersenden, um ihm «vor Augen» zu stellen, «was ich 'brauche'. Ach brauche!»[9]

Soglio hatte Rilke «von einem Tag zum anderen» einen «Vorsprung» verliehen, wie Anton Kippenberg offenbar erspürt haben mochte. «Und dort wars erst nur der Raum und ein Gartenweg, vieles fehlte, die Einsamkeit, die richtige Versorgung – und trotzdem ...!»[10] Ja, «wäre der dortige Sommer nur dreimal so lang gewesen!»[11]

Als Rilke von Soglio schied, lag ein verabredetes und für ihn anstrengendes Vortragsprogramm zwischen dem 27. Oktober und dem 28. November in verschiedenen Schweizer Städten vor ihm – Abende, die ihm volle Säle und neue Freunde bescherten, von denen einige alsbald «die ihnen wichtig gewordene Frage meiner Arbeitsruhe» bedachten[12]. Schwer wog neben dem Valuta–Problem[13] das Problem der ungeklärten Staatsangehörigkeit nach dem Zerfall der habsburgischen Donaumonarchie und damit verbunden das Problem der Verlängerung von Rilkes Aufenthaltsgenehmigung in der Schweiz. Während der Zeit in Soglio war der Permis de sejour kurzzeitig verlängert worden. Verschiedene Persönlichkeiten waren in der Schweiz um eine weitere Verlängerung bemüht, und Dr.Hans Bodmer vom Lesezirkel Hottingen, der Rilke zur Vortragstournee in die Schweiz eingeladen hatte, tat das Seine, um die Durchführung des geplanten Vorlesungsprogramms sicherzustellen[14]. Später wird Gudi Nölke ihre Verbindungen zu Rilkes Gunsten einsetzen[15]. All das ist hier nicht im Einzelnen darzustellen.

Dass die Ungewissheiten sich auf Rilke auch körperlich belastend auswirkten, ist leicht zu verstehen. Ingeborg Schnack teilt uns den Wortlaut eines ärztlichen Attestes mit, das dem Antrag auf Verlängerung der Aufenthaltsgenehmigung beigefügt wurde: «C'est l'état de sa santé qui réclame cette faveur comme l'atteste le certificat médical, joint à cette demande . . . à la fin de sa cure aux Grisons le soussigné se propose de rentrer á Nyon. Soglio le 27 Aout 1919.»[16]

Was Wunder, wenn Rilke nicht leichten Herzens von Soglio abfuhr! «Viel Inneres ist damit unterbrochen worden», schrieb er der Gräfin Mirbach. «Und was als Freude begann: die kleine alte Bibliothek so passend und für mich gemacht zu finden, musste als Wehmut ausklingen: einmal einen solchen Raum für lange, lange, und alle Einsamkeit eines Hauses und eines Gartens dazu – : Gott schaff es mir. Dies nur noch und nichts anderes.»[17]

Wehmütig klang es denn auch weiterhin: «Etwas dergleichen erhoffte ich mir für den Winter – es hat sich nichts gefunden, und so war meine Zeit seit Ausgang September voller Unruhe und Veränderung.»[18]

Es sollte noch eine Weile dauern, ehe sich für Rilke der Ort fand, der Zufall und doch Ziel war. Einstweilen erwartete ihn ein herbstliches Nomadendasein, das ihm neue überraschende – beglückende und beängstigende – Begegnungen bescherte, Begegnungen, in denen der Dichter die Gefahr der «Bemächtigung» witterte und denen er sich um seines dichterischen Auftrags willen entziehen zu müssen glaubte: Angela Guttmann, die «Russin» in Locarno, die aber aus Mähren stammte und durch eigenen Entscheid ins Judentum verflochten war[19], dann «Merline»... Aber das sind ganz andere Kapitel.

1 Wie Rilke der Gräfin Mirbach am 26.September aus Begnins sur Gland (Vaud) erzählte, als Soglio «weit» hinter ihm lag (R.M.Rilke, Briefe, S.609)

2 Ebenda, S.610

3 Ebenda

4 GN, S.71. – Rilke suchte sich in Chur «nach jenem alten Tscharnerschen Buche der alten Bibliothek» in Soglio zu orientieren. Gemeint ist wohl Johann Karl von Tscharner, Der Kanton Graubünden historisch, statistisch und geographisch für einheimische und fremde Reisende. – Wie sehr der Aufenthalt in Soglio das Interesse des Dichters für die Salis-Kultur geweckt hatte, mag der Leser sich anhand des Ragaz–Buches von Ingeborg Schnack verdeutlichen

5 RJ S.152 f

6 Zit. nach: Materialien zu Rainer Marias «Duineser Elegien», I, S.159

7 R.M.Rilke, Briefe an seinen Verleger 1906–1926, Leipzig 1941, S. 304 Vgl. NWV I, S.65

8 Ebenda, S.302

9 NWV I, S.66

10 An den Verleger, S.304

11 Ebenda, S.305. Dann hätte Rilke auch den offenbar von seinem Verleger erbetenen Aufsatz über S.T.Aksákows Familienchronik schreiben können ...

12 Ebenda, S.303

13 R.M.Rilke / L.Andreas–Salomé, Briefwechsel, S.415

14 I.Schnack, Chronik II, S.653

15 I.Schnack, Rilke in Ragaz, S.27 f

16 Ebenda, S.18

17 R.M.Rilke, Briefe, S.612. – Am 21.August hatte Rilke Yvonne de Wattenwyl geschrieben: «ein solches Haus ein Jahr lang bewohnen dürfen! Damit wäre alles gewünscht, aber es müsste ebenso alt sein, wie dieser Salis'sche Palast und sein alter Garten dürfte, genau wie dieser hier, zwar verwildert, aber nicht zerstört

sein: denn der Einfluss der in den Dingen angesammelten Vergangenheit wäre mir, dem Dinge auf eine besondere Art mittheilsam sind, unentbehrlich: er sollte mir während eines solchen Arbeitsjahres allen menschlichen Verkehr ersetzen, und ich weiss, er würde es auf eine unendlich fruchtbare Weise imstande sein...» (I. Schnack, Chronik II, S. 655)

18 R. M. Rilke und Marie von Thurn und Taxis, Briefwechsel, S. 579 (am 4. Januar 1920 aus Locarno). – Vgl. R. M. Rilke, Schweizer Vortragsreise 1919, hg. von Rätus Luck, Frankfurt a. M. 1986

19 Auf diese Frau, «die in Locarno Rilkes Mitleid herausforderte, der er sich hilfreich erwies und bis zur eigenen Ratlosigkeit beistand», hat zuerst Jean Rudolf von Salis, Rilkes Schweizer Jahre, S. 292, Anm. 62, hingewiesen. Vgl. auch Ilse Blumenthal-Weiss, Rainer Maria Rilke und das Judentum, in: Deutsche Rundschau (1958), S. 268–279). Die Veröffentlichung der Briefe Rilkes an Nanny Wunderly-Volkart im Jahr 1977 hat der Gestalt Angela Guttmanns eher mysteriöse Züge verliehen. Spätere Forschungen haben die Rätselhaftigkeit ihrer Persönlichkeit noch unterstrichen. Vgl. dazu Ingeborg Schnack, Wer war Angela Guttmann? Zu Rilkes Winter in Locarno 1919/20, in: Jacob Steiner (Hg.), Rainer Maria Rilke und die Schweiz, Zürich 1992, S. 109–122.

Blick in den mit Gewölben und Kamin ausgestatteten Speisesaal. Die Tischanordnung entspricht der Rilke–Zeit.

«Etwas von Sehnsucht ist dabei»

Eindrucksvoll belegen die Briefe, die Rilke nach seinem Abschied von Soglio an Gudi Nölke, zunächst nach Soglio, dann nach deren weiteren Aufenthaltsorten in Graubünden und später in Südtirol richtete, den Prozess «der langsamen inneren Entwöhnung von Soglio», den Rilke nach anfänglicher eigener Erkenntnis» «durchzumachen» hatte[1], und der ihm in Wirklichkeit nie völlig gelungen ist. Rilke hatte den Wunsch nach Fortsetzung und Ergänzung der Beziehung zu Gudi Nölke seit den Tagen ihrer Begegnung in Soglio[2], und es konnte gar nicht ausbleiben, dass der briefliche Austausch der Gedanken, aber auch die Erörterung aktueller Situationen und Probleme, immer wieder die Erinnerung an die gemeinsam in Soglio verbrachten Tage heraufbeschworen.

Rilke sorgte sich darum, ob das von Gudi Nölke bewohnte Gartenhäuschen wohl der Unbill des Herbstes gewachsen sei, ob es denn «so überwiegend brauchbar und behaglich» sei, dass es jedem anderen Aufenthalte, etwa dem in der Bibliothek, vorzuziehen sei. Er fragt an, ob es denn in der Bibliothek schon ein Kaminfeuer gegeben habe, und – nach Empfang von drei Photographien aus Soglio – , welches Buch denn gerade auf dem mittleren Tisch in der Bibliothek aufgeschlagen liege[3]. Dann wieder sind es übersandte Haselnuss–Plätzchen, die «die Beziehung zu Soglio angenehm unterhalten ... ich habe lange daran gezehrt, wie an Erinnerungen» [4]. Oder es ist der Brief von Signor Fasciati, dem Lehrer in Soglio, von dem Gudi Nölke Rilke mit der Bemerkung, er sei «ganz im Geiste Soglios», Kenntnis gibt und den Rilke mit dem Ausruf quittiert: «Wie lieb klingt alles, was aus Soglio kommt»[5]. Den Briefen, die Rilke an Gudi Nölke nach Soglio richtet, fügt er Grüsse «an Haus, Garten und die Leute vom Hause» an[6], gelegentlich mit dem Wunsch verbunden, den «guten Haus–Leute(n)» zu sagen, «ich wünschte mich hin: denn das thu ich sehr»[7]. Mit den Wirtsleuten Torriani tauschte Rilke Neujahrswünsche aus[8].

Als im «Insel–Schiff» erstmalig Rilkes Prosastück «Ur–Geräusch» erschienen war, übersendet Rilke das Heft Gudi Nölke mit der Bemerkung, der Titel, den man darüber gesetzt habe, gefalle ihm «wenig»: «aber lesen Sie, was unter ihm steht, in freundlichem Gedächtnis der Entstehung» – die Gudi Nölke ja miterlebt hatte[9]. Ein Jahr später, im August 1920, erinnert sich Rilke, als er in Genf Umgang mit Max von Salis–Soglio pflegte, an die «lustige Salis–Partie», «die wir kommen und gehen sahen», mit der Bemerkung: «wie viel man von Soglio spricht!»[10] Aber auch der rote chinesische Mantel, den Gudi Nölke in Soglio trug, hat sich in Rilkes Erinnerung verankert: «Auch ich musste ein wenig Abschied von ihm nehmen: wie seh ich noch sein Roth, das so anders war und doch so taktvoll verträglich in der Buntheit des sommerlichen Gartens.»[11]

Im Mai 1921 fällt Rilke eine «Prachtausgabe» über die «Schweizer in Fremden Diensten» in die Hand, die die Reproduktion alter Bildnisse von Militärs schweizerischer Abkunft im Dienste des französischen Königs oder anderer Staaten darbot. Das erinnerte an «das Treppenhaus in Bondo und viele Salis–Bilder, wahrscheinlich aus der Zahl jener, die dort so günstig in stucs und boiserien eingelassen waren und die wir nicht näher untersuchen konnten»[12]. In diesem Zusammenhang schreibt Rilke: «Ja die Erinnerung an Soglio macht sich auch mir wieder empfindlicher um diese Zeit, etwas von Sehnsucht ist dabei, ich kann es nicht leugnen.»

Als Rilke im November 1923 in Malans den Maler Carl von Salis traf, der auch mit von jener erwähnten «lustigen Salis–Partie» nach Soglio im Sommer 1919 gewesen war und der sich nun auch nach dem Ergehen von Frau Nölke erkundigte, schrieb Rilke dazu: «und irgendwie reichte dann Soglio herein, das ja in seiner Art nicht so verschieden ist, dass man es in einem Salis–Haus Graubünden's vergessen müsste»[13]. Gudi Nölke ihrerseits hatte, als sie sich für die Übersendung von «Mitsou. Quarante images par Baltusz», zu dem Rilke das Vorwort geschrieben hatte, bedankte, Rilke gefragt: «Wissen Sie noch in Soglio, die alte Frau, die die Katzen beschwörte?»[14] Frau Nölke übersandte Rilke im März 1922 ein grosses altes Rechnungsbuch in braunem Leder und begleitete es mit dem Wunsch, «dass Sie an irgend einem Abend in einer kleinen Bibliothek, die so etwas wie die von Soglio ist, mit einer Kerze sitzen würden und – mir vorläsen, irgend etwas ganz Wunderschönes, was Sie in das alte Buch geschrieben hatten»[15]. Zuvor hatte Gudi Nölke Rilke einen Probebogen aus diesem Buch geschickt, und Rilke hatte seine Zustimmung mit der Bemerkung versehen: «Bei dem grossen Bogen alten Handpapiers dachte ich: 'Soglio' – nun kommt es zwar nicht von dort, hats aber doch schon ganz heraufgerufen»[16]. Eine Photo–Sendung zum Weihnachtsfest 1919 veranlasste Rilkes Ausruf: «Soglio, ach Soglio: wie hab ich die neuen kleinen Bilder angesehen, mit welchem Erkennen und Entbehren.» Die beiden Aufnahmen aus der Bibliothek schickte Rilke seinem Verleger Kippenberg zu, «dass er ein wenig sich hineinsieht, was ich 'brauche'. Er müsste doch ein Interesse daran haben, ob ichs fände»[17].

Die Herbstmonate des Jahres 1919 brachten die vorgesehenen Vortragsveranstaltungen in verschiedenen Orten der Schweiz. Was nach seiner Auskunft in dieser Zeit Rilkes Feder «ein wenig erwärmt und rührt», ist neben Gudi Nölkes «herüberwirkende(r) Güte» – «der Einfluss Soglio's»[18]. Die Vorlesungen waren für Rilke offenbar sehr anstrengend[19]. «Meine Vorlesungen? Ach, wie gehen sie mir widers Gemüth augenblicklich. Da ich damit doch fast immerfort in einer Richtung weiter muss, die jener Besinnung entgegengesetzt ist, für die Soglio ein kleiner Anfang war.»[20]

Rilkes innere Belastung in dieser Nach–Soglio–Phase wurde verstärkt durch die ungeklärte Frage der amtlichen Aufenthaltsmöglichkeit in der Schweiz und vor allem durch die Tatsache, dass sich das ersehnte «Soglio für den Winter» nicht finden liess: «Wieviel Eindrücke seit Soglio! Aber kein Boden, sie irgend hineinzustellen. Ich bin ganz ungeduldig vor Unterstandslosigkeit.»[21] Umso mehr verklärten sich in der Erinnerung die glücklichen Gegebenheiten der Tage in Soglio: «Seit ich von Soglio fort bin – , wieviel Unstätheit, die 'Bibliothek' nimmt immer mehr Herrlichkeit an, je unvergleichlicher sie dasteht, ach hinter mir. Vor mir?»[22]

Durch seine «Öffentlichkeitsarbeit» glaubte Rilke sich das Recht auf eine entsprechende Lebens- und Arbeitsstätte errungen zu haben. Die erfolglose Quartiersuche in Locarno bringt ihn schliesslich in der Weihnachtszeit des Jahres 1919 zu einem geradezu theologischen Einverständnis mit der trüben Situation: «Nach den vielen Wochen voller Öffentlichkeit meinte ich mir ein Besseres und genauer Schützendes verdient zu haben, noch einmal eine kleine unvermuthliche 'Bibliothek'. Doch wie dürfte man nach dem ersten Wunder ein zweites ähnliches verlangen, so monoton ist der liebe Gott nicht, er hat seine Karten tüchtig gemischt seiner Zeit – nun giebt er, wies kommt.»[23] Darin lag aber auch Hoffnung, und so heisst es denn am 2. Weihnachtstag desselben Jahres: «Ist dergleichen in den Karten der Fügung, dann wirds sichs ja wohl eines Tages ausspielen, aber man darf sich nicht vorstrecken wollen, um die schönste Karte selber herauszusuchen.»[24] Die «Fügung» hatte für Rilke noch Karten bereit: das Gut Schönenberg bei Pratteln im Baselland[25], Schloss Berg am Irchel[26]. Auf der letzten und «schönsten» Karte stand: Muzot. Damit hatte Rilkes «Kampf» ums «Bleiben–Können» an einer «zufällig entdeckten Stelle» in dem ihm «durch die Anklänge an die Provence und an Spanien so wunderbare(n) Wallis» mit einem «Sieg» geendet[27]. Vorerst aber, zu Weihnachten 1919, blieb angesichts der Erfolglosigkeit der Suche der von Unruhe, Entbehrung und Enttäuschung, aber auch von der Sehnsucht geprägte Seufzer, der ebenso gut als Überschrift über diesem Kapitel hätte stehen können: «Soglio, ach Soglio.»[28]

[1] GN, S. 11
[2] Vgl. GN, S. 64
[3] Vgl. GN, S. 13; 21
[4] GN, S. 42
[5] GN, S. 40; 181. – Agustino Fasciati, 1895–1966
[6] GN, S. 11
[7] GN, S. 21. – Gudi Nölke war vom 26. Mai bis 20. November 1919 in Soglio
[8] GN, S. 40
[9] GN, S. 25
[10] GN, S. 60 – Die «Salis-Partie» fand am 15.9.1919 statt
[11] GN, S. 30
[12] GN, S. 85; vgl. S. 187 f. Rilke hatte das Salis–Schloss in Bondo wahrscheinlich zusammen mit Frau Nölke besucht
[13] GN, S. 118
[14] GN, S. 190
[15] GN, S. 190 f. – Rilke trug in dieses Buch die Übertragungen der Gedichte von Paul Valéry ein
[16] GN, S. 94 – Rilke schrieb am 16. März 1923 an Gudi Nölke: «der aufgerissen gewesene, so lange klaffende Abgrund ist überbrückt: ich war endlich imstande, jene gewaltsam aufgehaltene unterbrochene Strömung in mir fortzuführen . . . Wenn ich Ihnen also auch aus dem grossen neuen Buch . . . nichts vorlesen könnte in nächster Zeit, so ist dafür das andere kleine alte Buch, das aus Soglio, mit dem neuen Gewinn ganz erfüllt, – und damit das Wunder vollkommen sei, reichte es, dem Umfang nach, genau für die zehn Gedichte aus und umschliesst sie nun wirklich als der ihnen angemessene Behälter . . .» (Katalog, S. 277)
[17] GN, S. 33
[18] GN, S. 17 f
[19] « . . . die fortgesetzten Vorlesungen . . . schaffen in mir eine Verfassung vollständigsten Ausgegebenseins. Denn da es nun scon einmal sein soll, mach ich mich an meinen Abenden so gebend als möglich und erstaune selber über die Penetranz, mit der ich den Schweizern durch die Schale dringe» (GN, S. 24 f). Das Presse–Echo auf Rilkes Abende ist im Anmerkungsteil zu GN (S. 152 ff) dokumentiert
[20] GN, S. 20 f
[21] GN, S. 15
[22] GN, S. 14
[23] GN, S. 26
[24] GN, S. 32
[25] GN, S. 44 f
[26] GN, S. 69 f
[27] GN, S. 87
[28] Ein gewisser Lothar Schönwald, vom 28.8. bis 2.9. in Soglio, konnte seine Soglio-Eindrücke ebenfalls nur im Ausruf beschreiben:

Almenstolz und mattenprächtig
Liegest du am Bergeshang.
Bergesspitzen, Gletscher mächtig
Machen strittig Dir den Rang.

Zum Schönsten, was ich je gesehen,
Zählest Du, oh, Soglio.
Mögen Jahre noch vergehen,
Denk ich Deiner, dankbar, froh.

Am Dorfeingang Soglio, wo jeder Besucher unvergessliche Eindrücke der grossartigen Landschaft mit sich nimmt.

«. . . rufen Ihr Bild so lebhaft herauf»

Am 22. Juli 1924 schrieben Hugo von Hofmannsthal und Carl Jacob Burckhardt aus Soglio eine Postkarte an Rilke: «Ihr Name im Fremdenbuch, und die Schönheit des Hauses und des Ortes rufen Ihr Bild so lebhaft herauf, dass wir Sie grüssen müssen.»[1]
Nachforschungen nach Fremdenbuch–Eintragungen im Hotel Margna in Sils–Baselgia[2] mussten vergeblich bleiben. Das Gästebuch der Pension Willy in Soglio mit der eigenhändigen Eintragung Rilkes fand ich in der Ciäsa Granda, dem Bergeller Talmuseum in Stampa.

Als eine Möglichkeit blieb Soglio für Rilke immer akut, auch wenn sich der Ort, womit er rechnete, inzwischen sehr verändert haben mochte[3]. So diskutiert er – ein halbes Jahr vor seinem Tod – in einem Brief vom 8. Juni 1926 an Nanny Wunderli–Volkart einen möglichen Aufenthalt seiner Freundin in Soglio[4]. Er hätte sie gern in Soglio getroffen, auch wenn sich ein solches Wiedersehen nur im Augenblicke ihrer Abreise von dort hätte verwirklichen lassen. Jedenfalls erschien ihm der Aufenthalt Nannys in Soglio als «une charmante idée». Gleichwohl machte sich Rilke Sorge darüber, ob die Freundin wegen des Mangels an Spazierwegen ohne Abstieg und Aufstieg sich in Soglio nicht doch wie in einer, nicht einmal grossen, Etagenwohnung eingeschlossen vorkommen würde. Dazu wäre die Beeinträchtigung der Ruhe gekommen. Seit dem 1. Mai 1926 waren nämlich die Strassen im Kanton Graubünden für den allgemeinen Automobilverkehr freigegeben, was sich auch auf die «Einsamkeit» Soglios negativ auswirken würde. Schon während seines Aufenthaltes in Soglio im Sommer 1919 waren ja die Touristen und die Hotelgäste für Rilke ein Problem gewesen. Damals hatte er geschrieben: «es kommen eben doch reichlich viele auf den Einfall, diesen Ausflug ins 'Bergell' zu versuchen, und so ist ein Kommen und Gehen in dem Hause, und mit den paar Mitbewohnern, die länger bleiben, muss man sich natürlich erst recht vertragen und einlassen.»[5] Das würde 1926 nicht anders, eher noch verstärkt der Fall sein.

Soglio hatte für Rilke «einige Ansätze» für neuerliches Arbeiten geboten, «aber auch nicht gründliche, denn die Einsamkeit fehlte, die wirkliche Abgeschiedenheit, die ich für die eigentliche Wiederaufnahme meines Inneren nöthig haben werde.» Eben dadurch empfand der Dichter, «wie abhängig (soll ich sagen leider?)» er «von dem äusseren Beistand» war, «der unvermittelt von einem alten Haus, einem Gartenweg, ein paar alten Dingen ausgehen kann. Ich bleibe darauf angewiesen, dass sich da einmal ein Genaues fände, eine verlässlich Unterkunft von herzlichstem Schutze.»[6]

Frau Gudi Nölke im Pavillonhäuschen, er selbst auf einer anderen Terrasse des Gartens, einsam, den ganzen Nachmittag lang, lang wie ein Nachmittag in der Kindheit – so steht Rilke 1926 das Bild Soglios vor Augen, und nun mit Nanny Wunderly–Volkart dort zu weilen – das war für ihn schon eine Vision des Glücks ... Aber würde Soglio wirklich das noch einmal sein können, was es in der Fülle seiner Erinnerung war? Kann man zweimal in den gleichen Fluss steigen? Die Rückkehr nach Soglio blieb Rilke versagt. Aber nötig blieb ihm die «Einkehr, zu der die Wochen auf Soglio ja nur ein kleiner Anfang waren.»[7]

1 Hugo von Hofmannsthal / R. M. Rilke, Briefwechsel 1899–1925, hg. von R. Hirsch und I. Schnack (Bibliothek Suhrkamp 469) Frankfurt/M. 1978, S.100

2 Am 4. Dezember 1983 schrieb mir der Geschäftsführer des Hotels «Margna» in Sils-Baselgia, Herr S. Müssgens: «Bei irgendwelchen Aufräumarbeiten vor langer Zeit wurden Briefkopien, Aufenthaltsbücher und weiteres leider vernichtet. Aus diesem Grunde habe ich auch keine Unterlagen mehr über einen Aufenthalt des Rainer Maria Rilke vom Juli 1919.»

3 Rilke hielt es auch für möglich, dass der Graf John von Salis den Palazzo für einen seiner Söhne zurückgekauft haben könnte. Von einer solchen Absicht scheint er gehört zu haben

4 NWV II, S.1143–1145

5 Zit. nach I. Schnack, Rilke in Ragaz, S 18

6 SN S. 300 f

7 Am 4. November 1919 aus Zürich. – Briefe an eine Reisegefährtin. Eine Begegnung mit R. M. Rilke, hg. von U. Keyn, Wien 1947, S.103

«Das rein-Andere»

Am 14. August hat Rilke in einem Brief an Elisabeth von Schmidt-Pauli gefordert, der vorfindlichen Welt «das rein-Andere» entgegenzustellen – «und ob es gleich in einer anderen Sphäre zuhause ist, muss mans in sie hinab- und hineinrücken, ihr einpflanzen und einheimaten, selbst gegen ihren Willen»[1]. Wie immer Rilkes Absage an das «Paktieren» von ihm gemeint gewesen sein mag, seine Sehnsucht zielte auf eine Geborgenheit abseits des Weltgetümmels, das in den Jahren des Weltkrieges und der Wirren danach einen schaurigen Ausdruck erreichte und dessen Anblick Rilke die innere Kraft zu dichterischer Gestaltung vorerst genommen hatte. Er war auf der Suche nach einer «Einkehr», die ihm in Soglio «fast» geschenkt worden ist. Von ihr versprach er sich den mitmenschlichen Einsatz «erst recht, unendlich viel endgültiger und vorhaltender»[2].

Angesichts der Gefährdung unserer Umwelt, ja der Welt im Ganzen ist heute unser Einsatz in ungleich höherem Masse gefordert als von Rilke und seinen Zeitgenossen. Die Mächte des Verderbens haben sich seither in einer damals ungeahnten Weise in Quantität und Qualität potenziert. Zur Besinnung auf das Wesentliche, auf das Rettende bedürfen wir der Oasen, um Atem schöpfen zu können. Soglio hat das vielen Menschen bieten können[3]. Das «rein Andere» darzustellen dürfte freilich auch Soglio nicht möglich sein. Paradiese können wir nicht produzieren. Wenn wir es versuchen, sind die Ergebnisse schal. Wir werden uns mit den «Schwellen» begnügen müssen. Soglio ist solch eine «Schwelle». Sie zu erhalten, ist uns aufgetragen.

Ob es nötig ist, die kleine Piazza vor dem Palazzo Salis in eine Protz-Ausstellung gegenwärtig aktueller Autotypen umzufunktionieren, ob mangelnde Selbstidentität ausgerechnet mit Hilfe von Surf-Brettern auf Autodächern in einem Bergdorf kompensiert werden muss, bleibt eine Frage an alle, denen Soglio etwas bedeutet, ob als Bürger oder als Gast.

Inga Junghanns meinte, man hätte nach langem Anmarsch mit

dem «besonderen» Garten in Soglio nicht nur ein Weg-Ende, sondern «irgendwie» auch ein Ziel erreicht, und man könnte «vor der Hand wunschlos» sein dort. Wunschlos – wer wäre es nicht gern, für einen Augenblick... «Denn wer darf von einem Wunder auch noch Langathmigkeit verlangen?»[4]

Und Rilkes «alte Bibliothek» in Soglio?[5] Sie ist durch die kurzzeitige Anwesenheit eines grossen Dichters gewiss nicht zu einer «Weihestätte deutscher Literatur» geworden, aber zu einer Örtlichkeit, der wir eine ähnliche Würde zusprechen dürfen wie dem Nietzsche-Zimmer in Sils-Maria. Als «Ort der tiefen erkennenden Heimathlichkeit» hat die kleine Salis'sche Bibliothek als ein Moment in der Lebens- und Werkgeschichte eines grossen europäischen Lyrikers den Charakter eines kulturgeschichtlichen Datums gewonnen, weit über den Palazzo Salis, über den Ort Soglio und das Bergeller Tal hinaus.

Aber... Fünfundsiebzig Jahre nach Rilkes Aufenthalt signalisiert ein knalliges Papierschild an der Tür zur früheren Bibliothek: «Stop» und damit, dass aus Rilkes «unverstörtester Stelle des Hauses» nun ein doppeltschläfriges Hotelzimmer geworden ist, das teuerste im Hause, nach der Preisliste 1994 für 90 Schweizer Franken pro Person und pro Nacht...

[1] Zit. nach: Materialien zu Rainer Maria Rilkes «Duineser Elegien», I, S.159

[2] Ebenda

[3] Im Juli 1958 suchte der grosse jüdische Philosoph Martin Buber in Soglio Erholung (M. Buber, Briefwechsel aus sieben Jahrzehnten, Band III, Heidelberg 1975, S. 459–462). – Der schweizer Schriftsteller Hermann Burger (1942–1989) hat seine an den Ort und die Landschaft gebundenen Erlebnisse sehr originell in die Soglio-Passagen seines unvollendet gebliebenen Romans «Brenner» (I. Band, 2. Auflage Frankfurt/M. 1989) eingebracht. Er lebte dort nach dem selbstgegebenen Rat: «Nütze ihn noch in Soglio, den August, auch wenn es vor allem Schwermut ist, die er gebiert. Schwermut ist eines der edelsten Gefühle, die wir haben. Und der einsamsten!» (S.146).

[4] GN S. 87

[5] Hans-Joachim Barkenings, Rilkes «Bibliothek» in Soglio, in: Zeitschrift für Religions- und Geistesgeschichte, 1990, 3, S. 271-273

. . .
Wo, o wo ist der Ort, – ich trag ihn im Herzen
und plötzlich in diesem mühsamen Nirgends, plötzlich
die unsägliche Stelle, wo sich das reine Zuwenig
unbegreiflich verwandelt –, umspringt
in jenes leere Zuviel.
Wo die vielstellige Rechnung
zahlenlos aufgeht.

(Rainer Maria Rilke, aus der Fünften Elegie)

Über den Verfasser

Hans-Joachim Barkenings, geboren 1933 in Rastenburg/Ostpreussen, ist Studentenpfarrer an der Universität Duisburg.

Er veröffentlichte Aufsätze zur Friedensfrage und zum christlich-jüdischen Dialog. Ferner: Gedichte in der Anthologie «Gesichts-Punkte. Literatur in Duisburg», hg. von A. Esser u. a., Duisburg 1982, und im «Duisburger Lyrik-Kalender 1984», Duisburg 1983; Erzählungen in der «Duisburgischen Anthologie», Duisburg 1980 («Doll–Ernst») und in: «Spielräume… Kreativität im Horizont des christlichen Glaubens», hg. von G. Heimbrock, Neukirchen-Vluyn 1983 («Ich traf Herodes»). Aphorismen-Band: «In der Kürze liegt die Bitternis. An-greifende Texte», Duisburg 1979. Lyrik-Band: «an der rampe. texte 1968–1983», Duisburg 1984. Hans-Joachim Barkenings, Rainer Maria Rilke in Soglio – «Ein eigenthümlich günstiger Moment», in H. Hofmann, Soglio. Wo das Bergell am schönsten ist, Calanda Verlag Chur 1994, S. 53–58.

Hans-Joachim Barkenings beschäftigt sich theologisch mit Leonhard Ragaz. Er liebt die Lyrik von Rilke, Paul Celan und David Rokeah, die Streichquartette von Schostakowitsch, den See Genezareth und das Bergell.

Rechts: Auszug aus dem Gästebuch der Pension Willy, Soglio (Bd. 2, 1918–1922; B. G. 3000½. Dono del Signor Reto Torriani, Soglio). – Die Eintragung Rilkes erfolgte – vermutlich auf Bitten des Wirtes – kurz vor Rilkes Abreise. Die Angabe Rilkes umfasst wohl den Zeitraum der Einmietung. Nach H. Lüdecke (siehe S. 50) müsste Rilke am Montag, 28.7., in Soglio eingetroffen sein. Aus Rilkes Korrespondenz (vgl. S. 25) und den Angaben von Inga Junghanns (vgl. S. 23 und G. Buchheit, Hg., Stimmen der Freunde, S. 109) ergibt sich als Ankunftsdatum Dienstag, 29. Juli. Die Angaben in Katalog, S. 245 und 340 sind hinsichtlich des Abreisedatums falsch.

Das hinter der Eintragung Rilkes eingetragene Monogramm «RRJ 41» hat R.R. Junghanns 1941 zugefügt (briefliche Bestätigung durch Dr. Rätus Luck, Bern, vom 27.12.1985)

Mois – Monat *September* 1919

Zimmer № de la Chambre	Arrivée Ankunft	Noms – Namen	Etat – Stand	Domicile – Wohnort	Personnes	Parti Abgereist	Observations Bemerkungen
/	20	Dr Gustav Hegi	Schweizer Konsul	München – Zürich		20/IX	
/	20	[illegible]	cand. med.	Zürich		20/9	
		Fr. Felix	Fr. Beamter	Herisau		20.	
		Rainer Maria Rilke vom 27. Juli bis 21. September 1919.					RMR 41
	21.	Dr. Achilles Müller	Arzt	Basel			
		Koter u. Frau	"	"			
	22	Umb. Perico Baldini		Bergamo			
	"	Maria v. Mandach-Sprecher		Bern			
		Dr v. Mandach		Bern			
	25	Marta Vogler. Schaffhausen. 13. Sept. 25. Sept.					
	23/26	Emile Argand		Neuchâtel		26	
		J. Staub	Frl.				
		R. Staub	Frl. Schaffhausen				
	27	A. Jäger-Tolten	Sils i/E.				
	27	M. Fümm		Stampa.			
	27.	Viktor Jahn-Gundel	Maler u. Radierer	Berlin			
		Fritz Eckmann		Frankfurt a/M			
	27	A. Moeckel-Hoffmann & Frau		Zuoz-Zürich			
	25.	Dr H. Peter-Cotti & Frau		Zürich			
17.	bis 29. Sept.	P. Poppenberger Pinggera & Frau,					

Fol. .... Chambre No. ....

HOTEL PENSION WILLY

GRISONS ▫ SOGLIO ▫ GRISONS

——— 1088 m. s. m. ———

DANS L'ANCIEN PALAIS DE LA NOBLE FAMILLE DE SALIS

Téléphone Nr. 8 Lumière électrique

Note pour Herrn R. M. Rilke

le .... 191...

ENGADIN PRESS CO 23954

		Pension für 5 Tage à f 10 f	50	–
Sept	17	1 Telegramm	1	15
"	"	dto	–	95
"	18	Strafmarke	–	50
"	20	Wäsche	2	75
"	"	Telegramm	4	35
"	"	"	3	05
"	"	Postplatz St Moritz	14	40
		f	77,	15,
		I. Woche f	79	65
		II. "	134	10
		III. "	112	90
		IV. "	77	15
		Rechnung Frau Junghanns	94	40
		f	498,	20

pour acquit

A. Toiriani-Willy

Rilke mit den Brüdern Morax (dem Maler Jean und dem Dichter René) und der Familie des Vizekanzlers der Eidgenossenschaft, Antoine Contat, im Oktober 1922 im Garten von Muzot.

Links: Die Abschlussrechnung des Hotels Pension Willy in Soglio liegt dem Baedeker-Exemplar Rilkes bei, das sich im Rilke-Archiv der Schweizerischen Landesbibliothek in Bern befindet.

Literaturhinweise

Folgende Ausgaben der Briefe Rainer Maria Rilkes aus dem Insel-Verlag wurden herangezogen:

Briefe aus Muzot 1921–1926, Leipzig 1935

Briefe an seinen Verleger 1906–1926, Leipzig 1941 (neue erweiterte Ausgabe in zwei Bänden, Wiesbaden 1949)

Briefe. Zwei Bände, Wiesbaden 1950 (Neuausgabe in einem Band, Frankfurt/M. 1980)

Rainer Maria Rilke und Marie von Thurn und Taxis, Briefwechsel, Zürich und Insel Verlag 1951

Die Briefe an Frau Gudi Nölke. Aus Rilkes Schweizer Jahren, Wiesbaden 1953

Rainer Maria Rilke / Inga Junghanns, Briefwechsel, Wiesbaden 1959

Briefe an Sidonie Nádherný von Borutin, Frankfurt/M. 1973

Rainer Maria Rilke / Lou Andreas Salomé, Briefwechsel, Frankfurt/M. 1975; insel taschenbuch 1217, 1989

Die Briefe an Gräfin Sizzo 1921–1926, Frankfurt/M. 1977

Briefe an Nanny Wunderly-Volkart, 2 Bände, Frankfurt/M. 1977

Rainer Maria Rilke / Marina Zwetajewa / Boris Pasternak, Briefwechsel, Frankfurt/M. 1983

Ingeborg Schnack, Rainer Maria Rilke. Chronik seines Lebens und Werkes, 2 Bände, Frankfurt/M. 1975; insel taschenbuch 1264, 1990

Rainer Maria Rilke, Schweizer Vortragsreise 1919, hg. von Rätus Luck, Frankfurt/M. 1986

Rainer Maria Rilke, Briefe zur Politik, hg. von Joachim W. Storck, Frankfurt/M. 1992

Rainer Maria Rilke, Briefe an Schweizer Freunde, erw. und komm. Ausgabe, hg. von Rätus Luck, Frankfurt/M. u. Leipzig 1994